**DEFESA
ESPIRITUAL**

Pedro Siqueira

DEFESA ESPIRITUAL

Ensinamentos e práticas
para aumentar a força interior
e combater o mal

SEXTANTE

Copyright © 2023 por Pedro Siqueira

Todos os direitos reservados. Nenhuma parte deste livro pode ser utilizada ou reproduzida sob quaisquer meios existentes sem autorização por escrito dos editores.

As passagens bíblicas deste livro foram retiradas principalmente da Edição Pastoral da Bíblia Sagrada, da editora Paulus, mas também da Bíblia da editora Ave-Maria.

edição: Nana Vaz de Castro
copidesque: Gabriel Machado
revisão: Hermínia Totti e Luiza Miranda
diagramação: Abreu's System
capa: Angelo Allevato Bottino
imagem de capa: Ralf | Adobe Stock
impressão e acabamento: Pancrom Indústria Gráfica Ltda.

CIP-BRASIL. CATALOGAÇÃO NA PUBLICAÇÃO
SINDICATO NACIONAL DOS EDITORES DE LIVROS, RJ

S632d

Siqueira, Pedro, 1971-
  Defesa espiritual / Pedro Siqueira. - 1. ed. - Rio de Janeiro : Sextante, 2023.
  208 p. ; 21 cm.

  ISBN 978-65-5564-706-8

  1. Espiritualidade. 2. Vida espiritual. 3. Conduta. 4. Técnicas de autoajuda. I. Título.

23-84921
CDD: 204
CDU: 2-584

Gabriela Faray Ferreira Lopes - Bibliotecária - CRB-7/6643

Todos os direitos reservados, no Brasil, por
GMT Editores Ltda.
Rua Voluntários da Pátria, 45 – Gr. 1.404 – Botafogo
22270-000 – Rio de Janeiro – RJ
Tel.: (21) 2538-4100 – Fax: (21) 2286-9244
E-mail: atendimento@sextante.com.br
www.sextante.com.br

Dedico este livro, com todo amor e admiração, àqueles que sempre sustentaram meu ministério de evangelização com sua oração e seu apoio incondicional: à minha esposa, Natália, ao meu diretor espiritual, frei Juan Antonio, à minha mãe, Dulce Maria, ao meu irmão, Paulo Gustavo, e ao meu primo, padre Alexandre Pinheiro. Sem vocês, minha jornada missionária teria sido muito mais difícil. Muito obrigado e que Deus os proteja sempre!

Sumário

Introdução	9
Renovar a mente	15
Sabedoria e discernimento	30
Combatendo as crenças limitantes	35
Comunicação interna e externa	41
Tomada de decisões	47
Saber escutar	52
Domínio da língua	54
O silêncio – exemplo de Maria	55
A devoção à Virgem Maria	59
O rosário	68
São Domingos, beato Alain de la Roche e o rosário	74
As cinco pedrinhas de Medjugorje	77
Sacramentos e sacramentais	83
Batismo	86
Eucaristia	95
Crisma ou confirmação	99
Penitência ou confissão	104
Unção dos enfermos	109
Matrimônio e ordem	112
Sacramentais	116
O jejum como arma espiritual	125

Contaminação por pessoas, lugares
e objetos   139

A proteção dos anjos da guarda,
de São Miguel e São José   153
   O anjo da guarda   155
   São Miguel Arcanjo   158
   São José   160

Apêndice: Orações e salmos para a defesa
espiritual   163
   Sequência introdutória   166
     Oração ao anjo da guarda   166
     Exorcismo breve de São Miguel Arcanjo 166
     Oração de São Bento   166
     Levanta-se Deus   167

   Outras orações essenciais   167
     Ato penitencial   167
     Credo   167

   Outras orações aos anjos   168
     Oração aos nove coros angélicos 168
     Rosário de São Miguel Arcanjo 169
     Súplica ardente aos anjos   172
     Ladainha dos santos anjos   176
     Ladainha de São Miguel   177
     Consagração a São Miguel   179

Orações a São José e Nossa Senhora 180
   Terço de São José 180
   Oração do papa Francisco a São José 181
   Ladainha de São José 181
   Consagração a São José 183
   Consagração a Nossa Senhora 184

Salmos para o combate espiritual 185
   Salmos para que Deus livre a pessoa de um ataque, de uma situação que a aprisiona ou de uma perseguição 185
   Salmos para os que necessitam de justiça, de cura e libertação 195

CONCLUSÃO 201

Introdução

A defesa espiritual e psíquica é uma questão fundamental para os que acreditam na existência de um mundo espiritual. São Paulo já nos alertava para a importância do tema: "A nossa luta, de fato, não é contra homens de carne e osso, mas contra os principados e as autoridades, contra os dominadores deste mundo de trevas, contra os espíritos do mal, que habitam as regiões celestes" (Efésios 6, 12).

Em meus livros anteriores, esse assunto aparece em pequenas doses, pois é impossível falar de espiritualidade sem abordá-lo. Mas, como naquelas ocasiões eu precisava escrever sobre outros temas (igualmente relevantes) para os que estão na caminhada espiritual, não o aprofundei o suficiente.

Nos últimos anos, no entanto, várias pessoas que me seguem nas redes sociais e frequentam os terços que dirijo me relataram casos de ataques espirituais ou psíquicos e me pediram ajuda. Ficou claro para mim que a maioria tem dificuldade de se defender. Como tenho bom conhecimento nesse tipo de combate, eu não poderia me omitir. Foi assim que este livro começou a se desenhar.

Não posso deixar de ressaltar que o primeiro passo para uma boa defesa é renovar a mente. Por isso, logo no primeiro capítulo discorro sobre as técnicas que você deve pôr em prática para se livrar de limitações ou barreiras mentais que cultivou ao longo da vida.

A Igreja Católica sempre procura orientar os fiéis na busca por saúde mental e espiritual. Nesse contexto, a tradição católica oferece um rico acervo de ensinamentos e práticas que podem auxiliar na proteção contra influências negativas (espirituais ou humanas) e no fortalecimento interior (especialmente dos pensamentos e sentimentos).

Uma das práticas mais importantes para a defesa espiritual e psíquica é a oração. Através dela, podemos buscar todos os dias a sabedoria e o discernimento, dois dos mais importantes dons do Espírito Santo. O dom da sabedoria nos capacita a compreender em profundidade as verdades divinas e aplicá-las em nossa vida, principalmente nas decisões que precisamos tomar. O dom do discernimento nos habilita a avaliar com clareza pessoas, situações e fatos, para que, identificando a verdade por detrás deles, rejeitemos as influências malignas e os enganos do mundo.

A oração é um momento de comunicação com Deus e de abertura para a sua graça. Segundo a Igreja Católica, é um poderoso instrumento de defesa contra as forças do mal. Quando rezamos diariamente, fortalecemos nossa fé e nos conectamos com a fonte divina de amor e proteção. Não preciso, então, frisar que todos devem cultivar uma vida de oração constante. Escrevi notas importantes sobre essa prática em *Você pode falar com Deus*. Neste livro de agora, trago mais algumas informações que vão elevar sua vida de oração a outro patamar.

Como nossa mente precisa se ancorar em coisas boas para aumentar o bem-estar, na tradição católica temos a meditação dos mistérios da fé, da vida de Jesus Cristo (presentes na devoção mariana do rosário) e a leitura diária das passagens bíblicas, com ênfase nos Evangelhos e nas cartas atribuídas aos apóstolos (que se encontram no Novo Testamento). Mantendo a constância dessas atividades, é possível cultivar a serenidade e a paz interior, fortalecendo não só o espírito, mas também a defesa psíquica.

Como auxílio determinante na guerra espiritual, há ainda à nossa disposição armas de eficácia comprovada por exorcistas e pessoas que trabalham com a oração de libertação e que encaram os espíritos malignos de frente. Refiro-me aos sacramentos e aos sacramentais.

Os sacramentos são ritos sagrados instituídos por Jesus Cristo e confiados à Igreja Católica para a santificação dos fiéis e a celebração da vida cristã. São sete: batismo, confirmação (ou crisma), Eucaristia, penitência (ou reconciliação), unção dos enfermos, ordem e matrimônio. Neste livro, narro diversas experiências místicas que tive com eles.

Os sacramentais são ritos sagrados ou objetos que têm uma dimensão sagrada, embora não sejam sacramentos no sentido estrito. Entre eles estão, por exemplo, as bênçãos, as procissões, as velas bentas, as medalhas, os escapulários, as águas e os óleos bentos, as imagens e as relíquias dos santos. Ajudam-nos a recordar a presença de Deus em nossa vida e a expressar nossa devoção e confiança n'Ele. Há muitos anos, tenho por hábito me valer dos sacramentais.

O jejum é mais uma das armas disponíveis. Associado à oração pessoal, à meditação dos mistérios da vida de Cristo e à leitura do Novo Testamento, é uma das ferramentas mais eficazes: trata-se da abstinência de alimentos durante um período determinado como forma de purificação e fortalecimento interior. Na tradição católica, ele é frequentemente ligado ao sacrifício pessoal (penitência) e à busca de uma maior intimidade com Deus. Por meio do jejum, também cultivamos a disciplina e o autocontrole, aumentando a força espiritual e a defesa psíquica. Neste livro, você terá instruções sobre o jejum no combate espiritual.

Os que acompanham meu trabalho de perto sabem que sou devoto da Virgem Maria, de São José e de São Miguel Arcanjo. Este trio forma a tropa de combate mais temida pelos espíritos malignos. Seu destaque é tão grande que escrevi capítulos sobre as devoções a eles, para incentivar você a tê-los como companhia diária.

Como o assunto da defesa é complexo e o mal pode estar disfarçado ou contido em uma base material, algo com que podemos nos deparar no dia a dia, trago informações especiais sobre a contaminação espiritual que ocorre através de pessoas, objetos ou lugares.

Por fim, apresento orações para as mais diversas situações de combate. Você deve combiná-las com as práticas sugeridas, para ter a maior proteção possível ou eliminar mais rapidamente um ataque psíquico ou espiritual.

Boa leitura e que Deus o abençoe!

Renovar a mente

O ser humano interpreta o mundo e traça seus planos a partir da mente. Os seis sentidos* são processados sem cessar pelo nosso filtro mental.

Alguns não sabem que, em termos de espiritualidade e defesa psíquica, a mente humana representa um campo de batalha. Se, ao longo da vida, você não conquistar o domínio dessa área, alguém vai fazer isso em seu lugar. E as consequências serão desastrosas.

Aprendi sobre esse assunto há algum tempo com meu anjo da guarda. Ele me apareceu de surpresa no escritório do meu apartamento, brilhando intensamente com sua luz verde. Era novembro de 2021 e eu estava preparando o equipamento que iria usar para entrar ao vivo no meu canal do YouTube. Em poucos minutos eu iniciaria a oração do santo terço, com a intenção principal de rezar pelas almas do purgatório.

---

* O sexto sentido está ligado à intuição e à conexão com o mundo espiritual.

– Pedro, o que acontece se um homem que vive em uma região violenta, cheia de bandidos, sem querer deixa o portão de casa aberto e as câmeras de segurança e os alarmes desligados ao sair para o trabalho?

Fiquei um tanto surpreso com a pergunta. Pensei que ele havia chegado para me passar alguma instrução específica sobre o terço que eu estava prestes a recitar com o povo que me segue nas redes sociais.

– Que imprudência! – respondi, desconectando os cabos do microfone e do violão na mesa de som. – Esse homem será no mínimo assaltado. Talvez algo pior aconteça a ele e sua família.

– Exatamente – afirmou ele, com a praticidade de sempre, sem dar um sorriso ou expressar satisfação. – Imagine que você é esse homem e que sua mente é a casa desprotegida. Seria fácil arrumar tudo depois do assalto?

Sua comunicação telepática carregava uma ênfase diferente e não só ecoava pela minha cabeça, mas também fazia meu corpo vibrar. Era óbvio que queria marcar bem seu discurso.

– Não. Colocar tudo em ordem seria extremamente difícil – respondi de imediato.

Minha mente estaria tão desprotegida assim?

Anos antes, em 2001, enquanto fazia mestrado em Direito Público, na Universidade do Estado do Rio de Janeiro (Uerj), presenciei um debate jurídico entre um professor e um aluno sobre princípios tributários. Ambos pareciam ter bons argumentos na defesa de seu posicionamento. Em determinado momento, mais alunos aderiram à discussão e o professor ficou visivelmente satisfeito com o efeito de suas ideias. Ele disse a todos que, sempre que fôssemos ler algo (um livro, uma petição em um processo ou mesmo uma notícia de jornal), deveríamos identificar a verdadeira motivação do autor do texto – ideológica, religiosa, social ou mesmo pessoal.

Havia guardado essa importante lição para mim e passei a aplicá-la desde então. Por isso, fiquei atento ao alerta que meu anjo da guarda tinha acabado de fazer. Eu precisava ir além dos textos que lia e filmes a que assistia. Tinha que prestar atenção nas motivações daqueles que conversavam comigo sobre os mais diversos assuntos.

Depois de refletir, concluí que, no fundo, ele tinha razão. Eu havia me descuidado de minhas defesas psíquicas, por distração ou por não me sentir ameaçado durante algumas conversas ou enquanto escutava alguns discursos mais corriqueiros. Às vezes é difícil identificar mensagens subliminares, presentes em anúncios de televisão e rádio, por exemplo. Elas trazem comandos escondidos em palavras que soam inocentes. Parecem despretensiosas, mas, na verdade, são perigosas.

Sem se mover, olhando-me fixamente com seus olhos de faróis verdes, meu anjo protetor prosseguiu:

– A mesma coisa acontece com o homem que permite que outros tomem conta de sua mente e a façam refém.

Como o tema era delicado e a criatura angélica estava lhe dando um destaque considerável, eu precisava compreender com exatidão o significado de seu recado, então perguntei:

– Você quer dizer que minha mente sofre ataques constantes e que nem sempre estou com minhas defesas a postos?

– Sua mente, como a de qualquer pessoa, está sujeita a ataques de todos os lados: humanos e espirituais. Algumas criaturas desejam dominar e controlar os outros, impondo suas ideias. Note a quantidade de mensagens subliminares e propagandas prejudiciais presentes no mundo.

– Entendo.

– A sede de dominação vem não só dos que são de carne e osso. Existem também espíritos malignos que tentam influenciar negativamente o pensar dos homens, com sugestões sutis, para que seus atos e decisões sejam prejudiciais para si e para os outros que os cercam. Assim, as almas se perdem e se afastam do caminho que Cristo tem para elas. Você percebe a gravidade disso?

– Tem razão. A batalha é bastante complicada.

– Em qualquer situação, tenha atenção máxima. Não basta bloquear apenas os ataques diretos, mais óbvios. Você precisa incrementar suas defesas para os casos em que a influência negativa parte de algum ser espiritual ou humano de forma insidiosa. Analise cada ideia contida nas frases que lhe dizem antes de apresentar sua resposta, concordando ou discordando. Examine com cuidado as ideias que pipocarem na sua cabeça, vindas "do nada". Não tome decisões precipitadas. Contenha seus impulsos.

– Eu entendo perfeitamente a parte dos ataques de espíritos malignos. Mas devo agir com precaução diante de qualquer pessoa? – perguntei, imaginando o enorme trabalho que aquilo me daria: atenção plena em tudo o que fizesse e em cada situação que vivesse.

– Quando estiver diante daqueles que o amam de verdade, não. Eles desejam sempre o seu bem, então você já sabe o que motiva seus atos, ideias e palavras: o amor. Obviamente, eles podem estar equivocados sobre diversos assuntos, mas não lhe querem mal. Não desejam usá-lo nem dominá-lo. Você terá sua própria opinião, que pode ou não coincidir com a deles, mas não haverá uma batalha espiritual ou psíquica em jogo, pois não lhe preparam nenhum tipo de armadilha.

O anjo esverdeado flutuava agora mais perto da janela do recinto.

– É verdade – concordei. Pelo menos assim meu trabalho seria menor. – Será que Jesus prestava atenção em qualquer pessoa que o procurava? Havia quase sempre uma multidão ao seu redor, especialmente quando pregava. Já pensou quanto trabalho? – perguntei ao anjo, curioso.

– Sim. Leia com atenção os Evangelhos e você verá que Ele tinha sua atenção máxima a cada passo, a cada encontro e a cada palavra. Lembre-se, por exemplo, da passagem em que Jesus decide ir à casa de um grande pecador, Zaqueu.

Na mesma hora, passou pela minha cabeça, como um pequeno filme, a história contada em Lucas 19, 1-10. O encontro entre Jesus e Zaqueu se deu em Jericó, considerada uma das cidades mais antigas do mundo. O Mestre vinha andando enquanto uma multidão se aglomerava ao redor, buscando-O devido à sua fama.

Zaqueu era o chefe dos cobradores de impostos. Um homem muito rico, de quem o povo local não gostava, já que o considerava pecador. Tinha baixa estatura e uma curiosidade enorme sobre Jesus. Desejava encontrar o Mestre. Quando se deparou com aquele monte de gente nas ruas, todos ansiosos por Jesus, percebeu que não teria chance de ver o Senhor. Sem se dar por vencido, teve a ideia de subir em uma das árvores, uma figueira, para esperar a passagem do Santo de Israel pelo local.

Quando Jesus chegou ao ponto onde Zaqueu estava, olhou para cima e lhe disse que descesse da árvore porque queria ficar em sua casa. O chefe dos cobradores de impostos desceu rapidamente e, muito feliz, acolheu Jesus em seu lar. Como consequência, Zaqueu se converteu.

Essa passagem bíblica mostra muito bem como Jesus estava sempre atento a tudo e a todos. No meio de um grande número de pessoas, a quem dava atenção e afeto, teve olhos para um pecador que necessitava de amor para corrigir seus erros. Mesmo estando ele no alto de uma figueira, num ângulo de visão pouco propício ao Senhor, sua curiosidade e suas necessidades não passaram despercebidas. Onde quer que esteja, Jesus está sempre presente por inteiro.

– Devo comentar com as pessoas com quem convivo sobre esse ensinamento? Ou é só para mim?

– Gostaria que você transmitisse o que falei hoje.

Ele encerrou a conversa e desapareceu numa explosão de luz esverdeada, sem me dar chance de falar mais nada. Retornou meia hora mais tarde, com dois dos meus anjos ministeriais, para me auxiliar durante a oração do terço ao vivo.

Acredito que a maioria dos leitores já tenha assistido a

algum desenho animado em que um anjinho e um diabinho pairam ao lado da cabeça de um personagem, municiando-o de ideias angelicais ou diabólicas, conforme sua natureza. Esses conselhos, bons e maus, se alojam na mente do personagem, que precisa tomar decisões. O conflito é enorme. O que fazer? Como decidir?

Os mais precipitados devem achar que todos nós temos um anjinho e um diabinho por perto, dia e noite. Claro que não! Não deixe que a superstição tome as rédeas de sua vida. No meu livro *Todo mundo tem um anjo da guarda*, já expliquei que, desde sua concepção no ventre materno, os seres humanos recebem um anjo da guarda. Demônios não nos acompanham aqui na Terra, não são designados por Deus para nos perseguir.

Aliás, quem nos conduz pela vida é o Espírito Santo e os anjos de Deus. Satanás e seu exército não conduzem ninguém. Veja a seguinte passagem do Evangelho de Marcos: "Em seguida, o Espírito impeliu Jesus para o deserto. E Jesus ficou no deserto durante quarenta dias, e aí era tentado por Satanás. Jesus vivia entre os animais selvagens, e os anjos o serviam" (Marcos 1, 12-13).

De qualquer forma, você sempre deve ficar muito atento ao caminho e às escolhas que faz, pois os espíritos malignos colocarão vários obstáculos no trajeto, para que você caia em tentação e se desvie, terminando seus dias afastado da trilha que o Espírito de Deus e os anjos do Pai Celestial lhe designaram. Entende a diferença?

Talvez você esteja meio confuso: *mas Pedro acabou de criticar a crença no anjinho e no diabinho...* Sim: o significado dessa alegoria é que, dentro de nós, existe uma disputa entre o bem e o mal, o dilema de praticar atos de amor ou atos que prejudiquem a nós mesmos ou aos outros.

Assim, por vezes, a pessoa não consegue definir o que é ou não bom para si, para aqueles de quem cuida e com os quais convive. Ao se decidir de modo equivocado, ao agir impulsionado por ideias ou sentimentos ruins, acaba provocando problemas e crises.

Para piorar o quadro, sabemos que, quando se está dentro da tempestade, é mais difícil ver o melhor caminho para seguir viagem. Nessas condições, é comum tomar decisões erradas.

Além disso, o "diabinho conselheiro" (aqui, não me refiro só a espíritos malignos que possam influenciar alguém, mas também aos maus conselheiros de carne e osso e às nossas más inclinações humanas) é muito inteligente e sutil: disfarça suas ideias prejudiciais em coisas aparentemente boas, só para confundir.

Apesar do tom de comédia, o desenho animado traz uma realidade mística: nossa mente é, de fato, um campo de batalha. Nós decidimos quais serão os pensamentos e sentimentos que vão se sair vitoriosos e nos guiar. Decidimos que pessoas, seres espirituais, palavras, exemplos e situações vão influenciar nossa vida.

Você deve estar se questionando: diante de todas as dificuldades apresentadas, como faço para renovar minha mente? Calma! A Bíblia traz a solução. São Paulo já nos falava sobre a importância dessa questão para criar boas defesas contra os ataques psíquicos e espirituais. Com sua aclamada sabedoria, o grande santo nos dá um conselho muito importante em sua Carta aos Romanos: "Não se amoldem às estruturas deste mundo, mas transformem-se pela renovação da mente, a fim de distinguir qual é a vontade de Deus: o que é bom, o que é agradável a ele, o que é perfeito" (Rm 12, 2).

Está claro que não podemos ter uma mente conformada às diretrizes de um mundo que não pratica a fé em Cristo. Para ser realmente livre e renovada, ela precisa ter a compreensão daquilo que Deus tem para nós e do que, aos seus olhos, é bom, agradável e perfeito para nossa vida. Nosso Pai Eterno tem um plano de amor e vitória para cada um de nós.

Nossa mente não deve acolher as ideias e os pensamentos propostos por essa gente que não vive a fé ou pelos que estão na igreja mas que querem nos dominar ou nos usar segundo seus desejos egoístas e planos humanos. Nesse caso, o que precisamos fazer? São Paulo expõe a solução em sua Carta aos Colossenses: "Pensem nas coisas do alto, e não nas coisas da terra" (Cl 3, 2).

O que significa pensar nas coisas do alto? O que exatamente nossa mente deve focar? O que não pode estar em nossa cabeça? Acredito que essas dúvidas também foram apresentadas ao apóstolo Paulo. Então, em pormenores, ele deu a seguinte instrução (que é muito atual) para sua comunidade colossense:

> Agora, porém, abandonem tudo isto: ira, raiva, maldade, maledicência e palavras obscenas, que saem da boca de vocês.

Não mintam uns aos outros. De fato, vocês foram despojados do homem velho e de suas ações, e se revestiram do homem novo que, através do conhecimento, vai se renovando à imagem do seu Criador. (...) Vistam-se de sentimentos de compaixão, bondade, humildade, mansidão, paciência. Suportem-se uns aos outros e se perdoem mutuamente, sempre que tiverem queixa contra alguém. (...) E, acima de tudo, vistam-se com o amor, que é o laço da perfeição. (Colossenses 3, 8-10; 12-14)

Precisamos excluir de nossa vida pensamentos maldosos e raivosos contra quem quer que seja, assim como as mentiras, pois só nos trazem prejuízo, envenenando os sentimentos. Além disso, não devemos usar um linguajar de baixo nível, recheado de palavrões. Lembrem-se do que Jesus disse: "A boca fala daquilo de que o coração está cheio" (Lucas 6, 45). Não podemos relaxar nossa atenção com esses elementos do pensar, sentir e falar. O trabalho é diário e não pode parar.

Quando estive nos Estados Unidos em 2021, para fazer palestras e orações com o povo católico, uma senhora cabo-verdiana que morava lá havia muitos anos veio me falar:

– Pedro, meu marido é um bom homem, mas tem pensamentos ruins sobre ele mesmo e nossa família. Boa parte do tempo, fica com medo de falhar e de termos problemas financeiros. Em alguns dias, está tão amedrontado que fala palavrões sozinho, na sala. Mas a verdade é que temos um bom patrimônio. Não há a menor chance de passarmos um aperto no futuro próximo, só que, no passado, éramos muito pobres, nos faltava dinheiro e sobravam provações. Será que existe alguma forma de ele entender que o passado não nos ameaça mais?

– Parece que seu marido está ancorado no passado. A vida difícil que teve o marcou profundamente. Ele deixa que esses pensamentos ruins, as recordações de dor, tomem conta de sua mente sempre?

– Não. Em algumas semanas ele parece anestesiado: desmotivado, mas sem demonstrar pavor. Um tanto aéreo. Em outras, parece mais confiante. Não fica reclamando de tudo nem demonstra ter medo da derrota. Mas esses períodos, de anestesia ou de certa paz, não duram quase nada. Para ser sincera, acho que o medo dele retorna com mais força ainda.

– Anestesiado e aéreo? O que isso significa exatamente?

– Parece que não quer pensar em suas tarefas ou problemas. E nunca está satisfeito com nada. Imagino que ele deixe a mente ociosa, se é que isso é possível! – Ela arregalou os olhos.

– Quer dizer que ele evita pensar nos problemas e nas coisas boas que tem na vida?

– Acho que sim. Mas percebo que até nesses momentos em que ele parece relaxado, sem apresentar preocupação exagerada, não há paz de verdade. Creio que não há alegria em seu coração. Uma coisa é certa: ele nunca está feliz – concluiu a mulher, triste.

– Minha intuição é que seu marido não segue o conselho que Jesus deu na parábola da casa arrumada que é ocupada por demônios.

– Poderia me explicar melhor?

– Claro! – Abri a Bíblia que tinha acabado de usar para fazer uma palestra sobre anjos e disse: – Jesus ensina o seguinte em Lucas 11, 24-26: "Quando um espírito mau sai de um homem, fica vagando em lugares desertos à procura de repouso, e não encontra. Então diz: 'Vou voltar para a casa de onde saí.' Quando ele chega, encontra a casa varrida e arrumada. Então ele vai, e traz consigo outros sete espíritos piores do que ele. Eles entram, moram aí e, no fim, esse homem fica em condição pior do que antes."

– Será que meu marido está dominado por espíritos malignos? – perguntou a senhora, espantada.

– Não necessariamente, mas está influenciado por ideias nocivas. Elas podem ter sido plantadas em sua mente por seres humanos: seus pais ou alguém em quem ele confia, por exemplo. Podem, também, vir de criaturas espirituais malignas, que se aproveitam das suas feridas emocionais.

– Ele é um homem muito fechado. Nunca me diz o que está sentindo. Não expressa seus desejos. Jamais fala sobre sua infância e seus pais – comentou ela em voz baixa.

– Não tenho como afirmar com exatidão se o medo tem relação com a infância dele, os pais ou espíritos ruins que se aproximam dele e relembram as derrotas que ele sofreu durante a vida.

Fiz uma pausa. Como ela não disse nada, decidi prosseguir. Eu precisava entender melhor a situação espiritual do marido.

– Pelo que entendi, ele até tenta se livrar desse temor,

mas, como não alimenta seus pensamentos e sentimentos com as coisas de Deus, acaba sucumbindo outra vez. Ele frequenta a igreja? Faz orações diariamente? Lê a Bíblia?

– Pedro, ele é um bom homem, só que não gosta de rezar nem de ler a Bíblia. Quando está mais tranquilo, até me acompanha na missa, mas sinto que só o faz por mim.

A mulher ficou uns segundos em silêncio, inspirou fundo e perguntou:

– Existe alguma forma de eliminar essas ideias de derrota da vida dele? A passagem que você leu para mim a princípio não apresenta uma solução. – Ela se mantinha calma, mas continuava triste.

– A solução está implícita no texto. Jesus diz para cada um de nós que precisamos ocupar nossa mente e nosso coração com ideias e sentimentos bons, todos os dias, para não sermos dominados por algo que não nos serve e, muitas vezes, por coisas ruins de que já havíamos nos livrado antes. Você cuida de sua casa sempre, certo?

– Todos os dias.

– Pois é. Procuramos varrer e arrumar nossa casa sempre, mantendo-a em ordem. O mesmo precisa ser feito nos planos espiritual, mental e emocional. Dá trabalho, mas o resultado é reconfortante. Insista com seu marido para que ele leia a Bíblia diariamente e reze, por exemplo, agradecendo a Deus por tudo aquilo que conquistou na vida. A princípio podem ser só orações curtas. Todo domingo, leve-o para a missa com você. Persevere para que ele vá sempre. Isso já vai resolver boa parte do problema.

Note que o combate psíquico e espiritual não é tarefa

fácil. Além de aprendermos como lutar, precisamos exercitar o aprendizado na vida diária. Ter constância é fundamental. Além disso, é necessário que estejamos cheios do Espírito Santo, especialmente dos dons do discernimento e da sabedoria. Assim, poderemos identificar as ciladas que o mundo coloca em nosso caminho e tomar as decisões e os rumos corretos.

Sabedoria e discernimento

Além de exercitar a plena atenção, estando verdadeiramente presente a cada momento, é muito importante que cada um de nós tenha os dons do Espírito Santo do discernimento e da sabedoria. Neles se encontra o remédio contra boa parte do engano e da confusão.

Ao observar pessoas e situações com o dom do discernimento, enxergamos a realidade como ela é, com muita precisão. Usando o dom da sabedoria, podemos decidir que rumo devemos tomar ou quais rotas precisamos evitar, ainda que a escolha seja das mais difíceis. Por isso, ambos caminham lado a lado, de mãos dadas. Nunca peça a Deus um só, trata-se de um "combo".

Esses dons do Espírito Santo nos mostram a estrada que o Pai Celestial quer que sigamos. Sua importância remonta a tempos muitos antigos e tem destaque, por exemplo, no Livro dos Provérbios, cuja autoria foi atribuída ao Rei Salomão, por conta de sua fama de sábio – mas os estudiosos afirmam que é possível identificar nove coleções, provindas de tempos e mãos diferentes. Seja como for, alguns desses provérbios nasceram antes do ano 950 a.C. e estão conosco até hoje. Imagine o grande valor que eles têm no campo da sabedoria!

No prólogo dos Provérbios, encontramos o título "Sabedoria para viver". Quem não precisa disso? O capítulo 1 faz um resumo da obra: "Provérbios de Salomão, filho de Davi e rei de Israel, para conhecer a sabedoria e a disciplina; para entender as sentenças profundas; para adquirir disciplina e sensatez, justiça, direito e retidão; para ensinar sagacidade aos ingênuos, conhecimento e reflexão aos jovens."

Os Provérbios dão importância também para o discernimento, como se pode ver na seguinte passagem: "Todo homem prudente age com discernimento, mas o insensato põe em evidência sua loucura" (Pr 13, 16).

Como manifestar esses dons do Espírito Santo? O primeiro passo é a oração: devemos pedi-los com insistência a Deus, em especial ao Espírito Santo, uma das três Pessoas da Santíssima Trindade. O próprio Javé pontua isso ao falar a Moisés: "Eu o enchi do espírito divino para lhe dar sabedoria, inteligência e habilidade para toda sorte de obras" (Êxodo 31, 3).

Tem gente desconfiada que pensa: será que Deus vai me dar essa graça, me enviando seu Santo Espírito, com os seus dons da sabedoria e do discernimento, só porque eu pedi? Sem dúvida! Isso é o que a Bíblia nos ensina, desde o Antigo até o Novo Testamento. Leiam com atenção as passagens a seguir:

E dou a sabedoria ao coração de todos os homens inteligentes, a fim de que executem tudo o que te ordenei. (Êxodo 31, 6)

De fato, é Javé quem dá a sabedoria, e da sua boca vêm o conhecimento e o entendimento. (...) Então você entenderá a justiça e o direito, a retidão e todos os caminhos da felicidade. Porque a sabedoria virá ao seu coração, e você terá gosto no conhecimento. (Provérbios 2, 6. 9-10)

Toda a sabedoria vem do Senhor Deus, ela sempre esteve com ele. Ela existe antes de todos os séculos. (Eclesiástico 1, 1)

Rogo ao Deus de nosso Senhor Jesus Cristo, o Pai da glória, vos dê um espírito de sabedoria que vos revele o conhecimento dele. (Efésios 1, 17)

Se alguém de vós necessita de sabedoria, peça-a a Deus – que a todos dá liberalmente, com simplicidade e sem recriminação – e ser-lhe-á dada. (Tiago 1, 5)

A cada um é dada a manifestação do Espírito para proveito comum. A um é dada pelo Espírito uma palavra de sabedoria (...) a outro, o discernimento dos espíritos. (1 Coríntios 12, 7-8. 10)

Para obter sabedoria e discernimento, também se deve ler a Bíblia. Isso pode parecer óbvio, mas pouca gente tem esse hábito. Nela encontramos diversos ensinamentos e conselhos sobre como devemos nos portar e proceder nas mais variadas situações. Suas regras e mandamentos são um porto seguro para aqueles que têm fé e desejam que as graças do Pai sejam abundantes.

São Paulo nos ensina: "Toda Escritura é inspirada por Deus e é útil para ensinar, para refutar, para corrigir, para educar na justiça, a fim de que o homem de Deus seja perfeito, preparado para toda boa obra" (2 Timóteo 3, 16-17).

A Bíblia é, assim, a Palavra de Deus e, como tal, tem um poder transformador para quem a lê e a escuta. Esse mistério é conhecido desde muito antes de Cristo. Veja, por exemplo, o que nos diz Josué: "Eis que me vou hoje pelo caminho de toda a terra. Reconhecei de todo o vosso coração e de toda a vossa alma que de todas as boas palavras que pronunciou em vosso favor o Senhor, vosso Deus, nem uma só ficou sem efeito: todas se cumpriram, e não falhou uma sequer" (Js 23, 14).

Quando usadas com fé, as palavras da Bíblia produzem efeito nos mundos material e espiritual. São armas contra as investidas do maligno e, portanto, devem ser utilizadas em todo e qualquer combate espiritual.

Para alcançar discernimento e sabedoria, também devemos exercitar a gratidão. Percebo isso na ordem que São Paulo deu para a comunidade dos colossenses: "Sejam constantes na oração; que ela os mantenha vigilantes, dando graças a Deus" (Cl 4, 2).

Sabemos como a gratidão das pessoas tinha um efeito especial sobre Jesus. Como Ele se alegrava quando alguém reconhecia a benesse que Deus lhe havia feito. No capítulo 17 do Evangelho de Lucas, o apóstolo nos conta que o

Mestre caminhava entre a Samaria e a Galileia quando foi abordado por dez leprosos. Todos gritaram para Ele, pedindo a cura. Cheio de compaixão, o Senhor determinou que eles se apresentassem aos sacerdotes. No caminho, eles ficaram curados. Mais um milagre impressionante de Jesus.

O problema é que apenas um dos curados voltou e lhe agradeceu, sendo que nem judeu ele era. O homem provinha de um povo que não tinha boas relações com os judeus: os samaritanos. Chateado, Cristo perguntou ao homem onde estavam os outros, que também tinham sido curados da lepra. Sumiram. Apenas aquele estrangeiro tinha gratidão no coração. Para enaltecer o homem e sua atitude, Jesus proclamou: "Levante-se e vá. Sua fé o salvou" (Lc 17, 19).

Se quer que Deus o favoreça cada vez mais, demonstre sua gratidão por tudo o que você é e tem. Não dê destaque para aquilo que não tem. Não se lamente pelas coisas que não possui. Todos os dias, logo pela manhã, faça sua oração a Deus e, de forma direta e simples, agradeça.

Alguns leitores podem pensar que basta apresentar ao Senhor sua oração e sua gratidão e, desse modo, Deus fará chover bênçãos de toda sorte. Não é bem assim. O próprio Jesus já havia avisado que não é suficiente se dedicar apenas à oração: "Vigiai e orai para que não entreis em tentação. O espírito está pronto, mas a carne é fraca" (Mateus 26, 41).

Perceba que o Mestre inicia seu conselho com "vigiar". Assim, precisamos estar atentos aos nossos pensamentos, sentimentos e atos o tempo todo, para não darmos brechas para que o mal entre sorrateiramente em nossa vida. Aquele que não se autoexamina, não analisa suas palavras, desejos e ações dá abertura para o mal.

Combatendo as crenças limitantes

Conheço um bom número de pessoas que se sentem oprimidas pelo mundo. São situações sociais, econômicas e afetivas que se desenrolam de uma forma diferente daquilo que idealizaram ou fora dos limites do que consideram aceitável. Sob o peso de todas essas aflições, elas acabam sucumbindo, desenvolvendo depressão ou alguma doença psíquica ou física mais severa, por somatizar o sofrimento.

Suas ideias e sentimentos estão sob o jugo da negatividade que tem se espalhado através de pessoas com quem convivem, programas de TV, jornais, revistas e outros meios de comunicação. Abatidas e influenciadas pelas coisas ruins que invadem sua mente, vão pouco a pouco perdendo a força para lutar. Com a fé enfraquecida, passam a crer que a ruína é inevitável. Apenas uma questão de tempo. De forma equivocada, pensam que esse é o plano de Deus para elas! Você também se sente assim?

Não devemos permitir que nossos pensamentos sejam dominados por essas ideias de derrota, ainda que elas tenham vindo de nosso próprio lar e da comunidade onde servimos. Muita gente age sob forte influência das crenças limitantes que lhes foram transmitidas quando eram crianças, adolescentes ou mesmo adultos.

O que são essas crenças limitantes? São ideias que nos foram impostas por pessoas que tinham alguma autoridade sobre nós (pais, avós, irmãos mais velhos, amigos importantes ou mesmo patrões) ou foram por nós assimiladas devido a experiências negativas ou derrotas que vivenciamos durante nossa formação.

Por exemplo, pais que repetidamente dizem aos filhos que eles não têm capacidade para certa função, profissão ou trabalho. Parentes que dizem à criança que ela jamais vai obter sucesso porque ninguém na família conseguiu. Pessoas que declaram que você não pode ser feliz só por sua origem humilde. Que você jamais terá um casamento feliz porque as mulheres da família são amaldiçoadas. Que ter dinheiro é ruim e você perderá o direito ao Paraíso.

Dita muitas vezes e com veemência, essa afirmação sem base científica, sem lógica ou prova de veracidade acaba se tornando uma verdade incontestável para quem a escuta desde pequeno.

Certa vez, fui recitar um terço no Santuário da Mãe dos Aflitos, em São Paulo, e um empresário me disse:

– Na minha cabeça sempre ouço a voz da minha mãe, que era muito religiosa: "Meu filho, não queira ganhar muito dinheiro nem buscar prosperidade, porque na Bíblia está escrito que é mais difícil um rico entrar no Reino dos Céus do que um camelo passar pelo buraco de uma agulha." Pedro, o que você pode me dizer sobre isso?

Os olhos do homem demonstravam grande preocupação. Dava para perceber que ele estava vivendo um grande dilema, pois era rico e tinha amor a Deus. Seu sucesso e riqueza o faziam sofrer.

– Você acha que Deus condena aqueles que são ricos? – perguntei. – Ser rico é ruim aos olhos de Deus?

– Pelo que aprendi, sim. Eu me lembro daquela passagem do Evangelho que diz que o dinheiro é mau – respondeu ele, mas sem muita firmeza.

– Você é casado? Tem filhos?

– Sim, sou casado e tenho três meninas.

– Você fica feliz por dar educação de qualidade a elas? Acha importante que elas tenham uma boa casa para morar?

– Sim, sem dúvida. Mas...

– Você se sente culpado pelo padrão de vida que tem. Acha que, por causa disso, pode até mesmo ser condenado ao inferno. – Olhei dentro dos seus olhos. – Diga-me uma coisa: você costuma dar o dízimo e esmolas aos pobres e faz doações para os necessitados?

– Claro! Não é isso que a Igreja Católica nos ensina?

– Se você fosse pobre, como nas palavras de sua mãe, isso seria possível?

– Não.

– Seu padrão de vida seria o que tem hoje? O que seria de suas filhas?

– Provavelmente eu estaria lutando, com enorme dificuldade, para conseguir dar escola e alimentação para elas.

– Com todo o respeito, você está enganado em pensar que o fundamento do mal é o dinheiro – afirmei com um sorriso nos lábios.

– Não pode ser. Não é o que está na Bíblia?

– Espere um instante.

Fui pegar uma Bíblia que estava sobre a mesa, na sacristia do santuário. Depois de localizar o trecho que procurava, pousei minha mão direita na página e perguntei:

– Você disse que está escrito aqui que o dinheiro é maligno, certo?

– Sim.

Ele buscava ler a página onde estava aberta a Bíblia. Pensei: ótimo, a curiosidade é o primeiro passo para ele investigar essa crença limitante e questioná-la de verdade.

– Vou ler a passagem a que você se refere. Está na Primeira Carta a Timóteo, capítulo 6, versículo 10: "Porque a raiz de todos os males é o amor ao dinheiro. Por causa dessa ânsia de dinheiro, alguns se afastaram da fé e afligem a si mesmos com muitos tormentos." – Ao ler, dei ênfase às palavras "amor" e "ânsia".

Imediatamente, o homem pescou a ideia. Sorriu para mim e, com mais alívio do que firmeza, exclamou:

– Pedro, agora entendi! O problema não é o dinheiro em si, mas ter amor, apego a ele. É querer o dinheiro a todo custo, sem pensar no bem do próximo. Não é correto ser um escravo do dinheiro! – Pela primeira vez em toda a nossa conversa, ele abriu um sorriso bonito.

– Pois é exatamente o que eu penso – respondi, satisfeito.

Para aplacar ainda mais a dúvida do empresário, decidi acrescentar a leitura da passagem de Lucas 16,13.

– Jesus nos ensinou o seguinte: "Nenhum empregado pode servir a dois senhores, porque ou odiará um e amará o outro, ou se apegará a um e desprezará o outro. Vocês não podem servir a Deus e ao dinheiro." Você compreende o sentido do que nosso Mestre disse?

– Sim, é bastante claro. Se eu tenho apego ao dinheiro, se o objetivo da minha vida é somente enriquecer, o famoso "dinheiro pelo dinheiro", independente das boas obras que possa apresentar a Deus, eu O desagrado.

Agora ele soava bastante seguro em suas palavras. Provavelmente havia se libertado daquela péssima crença transmitida pela mãe.

Usei esse encontro com o empresário apenas para ilustrar o que já havia escrito: muitas pessoas acreditam, sem questionar, estudar ou investigar, nas supostas verdades que lhes são apresentadas. Resultado: a mente delas fica ancorada naquelas farsas e elas não conseguem evoluir e prosperar em diversas áreas para vida em abundância junto de suas famílias.

O próprio Jesus nos disse, em João 10, 10, que veio ao mundo para que tivéssemos vida em abundância. O que isso significa? Claro que Ele se referia à graça de Deus para nós, mas, como o Criador nos fez criaturas materiais também (você tem um corpo físico e precisa, no mínimo, se vestir, se alimentar e viver sob um teto), podemos estender o sentido para o âmbito material.

A vida em abundância é uma vida de prosperidade, harmonia e paz espiritual e material para os que creem que o Salvador é a fonte de todo bem. Não deixe que pessoas invejosas ou preguiçosas destruam a sua mente afirmando que é bom ser derrotado, sofrer e passar necessidade.

Nossos pensamentos e sentimentos são preciosos porque vêm antes de qualquer passo a ser dado em nossa vida. São fundamentais para as tomadas de decisão. Se estiverem contaminados, provavelmente teremos muita dificuldade para atingir nossos objetivos. E o pior: não vamos descobrir a vontade de Deus para nós, já que o Criador quer o melhor para cada um, uma vida plena.

Para sustentarmos bons pensamentos e sentimentos, é necessário que a comunicação interna e externa ganhe em qualidade. Vamos analisar esse tema no próximo capítulo.

Comunicação interna e externa

Nossos pensamentos e ideias não podem estar dentro dos moldes oferecidos pelo mundo, ou seja, dentro do que sugerem as pessoas que não vivem a fé ou que desejam nos controlar ou submeter ao seu domínio. Do contrário, vamos sucumbir ao fracasso nas mais diversas áreas da vida, culpando aos outros e a Deus pelas derrotas que acumulamos ao longo dos anos.

Por tudo isso, precisamos melhorar a qualidade da nossa comunicação interna e externa.

Comunicação interna é o que dizemos para nós mesmos, com atitudes, pensamentos ou palavras, especialmente aqueles que afirmam nossas "verdades" (tudo aquilo em que acreditamos), objetivos ou valores. Comunicação externa é o que falamos aos outros, não só com palavras, mas também com a linguagem corporal.

Ambas são de suma importância no tema da defesa psíquica e espiritual, pois falhas em qualquer uma delas abrem brechas para que o maligno entre em nossa vida.

Isso não é apenas uma norma de combate psíquico e espiritual. Trata-se de algo defendido, em certa medida, pela ciência. Em seu livro *A biologia da crença*, o pesquisador americano Bruce Lipton apresentou a tese de que as crenças do ser humano controlam sua biologia, influenciando praticamente tudo o que ocorre no corpo. Sua afirmação se baseia nas pesquisas que realizou, ao longo dos anos, com células e com o efeito placebo.

O placebo é muito utilizado em estudos clínicos como comparativo com um remédio verdadeiro. O médico informa ao paciente que determinado medicamento tem um forte poder curativo, mas na realidade ele é feito apenas de açúcar. Como o paciente toma o placebo acreditando em sua eficácia, os sintomas da doença acabam sendo amenizados. Ao final do experimento, o médico conta a verdade e diz que foi a mente do paciente que de fato agiu, com base em sua forte crença de que o medicamento funcionaria.

Essa é mais uma prova de que os pensamentos e sentimentos são poderosos. Eles podem mudar a sua vida, para melhor ou para pior, dependendo do que você cultiva no seu dia a dia.

Há mais um fator que pode ajudar ou prejudicar você na caminhada: o ambiente. Bruce Lipton esclarece que o meio em que você vive interfere de modo crucial na sua mente e, por consequência, no seu corpo. Segundo o autor, é fundamental que a pessoa se alimente de boas notícias e ideias e de pessoas positivas. Já imaginou como é prejudicial um lar onde as pessoas apenas reclamam dos reveses da vida e não creem na possibilidade de vitória nas mais diversas empreitadas?

Certa vez, antes de me casar, eu estava um tanto desanimado com algumas coisas que havia algum tempo não estavam saindo como eu queria. À época eu tinha uma tendência a pensamentos negativos e me deixei contaminar pela ideia do fracasso. Chateado, resolvi rezar sozinho um terço, para aliviar meu coração. Recitei o Credo e o Pai-Nosso e, logo que iniciei o Ângelus, Santo Antônio apareceu na minha frente.

Mentalmente, iniciei o diálogo com o santo:

– Meu amigo, estou triste porque meu projeto não dá resultado. Fiz uma peregrinação a locais poderosos da nossa fé católica e, até aqui, só colhi derrotas. Não sei se conseguirei atingir meu objetivo algum dia. Tenho me esforçado muito e nada de bom acontece. Peça ao Pai Celestial por mim.

– Pedro, vim aqui justamente lhe dizer que nosso Pai Eterno não quer ver você mergulhado nessas emoções negativas. Quanto mais você alimenta esses pensamentos e sentimentos, mais eles influenciam sua vida. Trata-se de uma escolha. Você precisa dar um basta neles. Se não quebrar esse círculo vicioso, não surgirá mesmo nada de bom – ele me falou com um belo sorriso.

– Depois dos últimos eventos, está difícil pensar em vitória. Sou humano, né? – retruquei, chateado, insistindo no erro. – Aliás, você podia me falar com clareza se devo ou não desistir do projeto.

Ignorando minha questão, ele perguntou:

– Quais são os frutos do Espírito Santo?

– Lembro-me de algo na Carta de São Paulo aos Gálatas. É disso que está falando?

– Muito bom. Faça o seguinte, Pedro: pegue na estante sua Bíblia e a abra em Gálatas, capítulo 5, versículos 22 e 23.

Eu lhe obedeci. Meus olhos rapidamente se detiveram na passagem, já que ela estava grifada a caneta. Em algum momento da vida, devo ter estudado mais a fundo essa carta de São Paulo e destacado o trecho.

– Tenho certeza de que já se lembrou do ensinamento de Paulo, mas, para que não restem dúvidas em seu coração, gostaria que lesse em voz alta – pediu o santo.

– "Mas o fruto do Espírito é amor, alegria, paz, paciência, bondade, benevolência, fé, mansidão e domínio de si. Contra essas coisas não existe lei."

– Já se perguntou onde estão sua alegria, paz, paciência e fé? Você mesmo viu o sinal no alto da montanha, em Medjugorje. Entendeu que ali estava a promessa que o Pai lhe fazia através da Virgem Maria. Agora, bastou uma sequência de poucas notícias ruins para lhe tirar do rumo?

Santo Antônio estava certo. Eu estava fraquejando por coisas pequenas. Pior: não estava sendo grato a Deus. Havia visto um sinal incontestável no céu, a resposta que eu tanto procurara. Mesmo assim, alguns meses depois, já voltara a ser o mesmo sujeito pessimista. Sem dúvida, não esperava a vitória no Senhor.

Naquele instante, a ficha caiu: era o momento de enterrar o velho hábito de cultivar pensamentos e sentimentos de derrota.

– Meu amigo franciscano, eu preciso mudar urgentemente. Além de não me fazerem bem, esses sentimentos demonstram falta de fé e ingratidão com o Pai Celestial.

Afinal, Ele me enviou minha Mãe do Céu com um sinal tão claro, uma resposta positiva de algo que já peço há quase dois anos. Estou envergonhado com minha postura e meus pensamentos.

– Isso é um bom começo. Percebendo o que está errado, você pode usar as armas espirituais a seu favor de modo certeiro.

Ele fez uma pausa e, em silêncio, me olhou nos olhos. Depois de alguns segundos, falou:

– Agora, vamos rezar juntos esse terço na intenção da cura e libertação da sua mente e do seu coração, para que o inimigo não o atinja mais com sugestões de derrota, fracasso, abandono, doença ou revolta – declarou Santo Antônio, com seu incomparável sorriso de bondade.

Essa lição ficou marcada em minha vida para sempre. Não podemos acreditar que Deus quer nossa derrocada. Nossa vida é cheia de batalhas, mas a guerra só termina no dia em que deixamos a terra para nos dirigirmos à nossa morada eterna. Permitir que o mundo ou os espíritos malignos nos convençam de que somos imprestáveis, fracos, débeis e derrotados não condiz com nossa fé. Não deixe que essas armadilhas do maligno contaminem sua comunicação interna e externa. Não pense na derrota nem a proclame em voz alta.

Tomada de decisões

Todo ser humano precisa tomar decisões importantes. Algumas são tão cruciais que, se forem equivocadas, podem afundar a pessoa ou a família por muitos anos (às vezes, até mesmo em definitivo). Qual a origem dessas decisões erradas, que se mostram avassaladoras e abrem a porta para que o mal adentre?

Quando nossa comunicação interna está escravizada pela onda de negatividade que circula no mundo, por ideias enganosas ou por crenças limitantes, abrimos uma grande brecha para que o fracasso se faça presente nas mais diversas áreas. O mesmo ocorre quando, por falta de discernimento, decidimos com base em conselheiros mal-intencionados ou equivocados, sem conhecimento sobre o assunto em questão.

É importante notar ainda que uma pessoa cansada, esgotada física e mentalmente, não costuma escolher o melhor caminho. Todos devem dedicar um tempo para o repouso. Por isso, o lazer e o sono são essenciais para a mente e o corpo.

E há mais um tipo de repouso que se revela fundamental para a tomada de boas decisões, que só Deus pode proporcionar e que produz verdadeira serenidade: o repouso da alma. Segundo o ensinamento de Santo Agostinho: "Senhor, fizeste-nos para Ti e inquieto está o nosso coração enquanto não repousa em Ti" (*Confissões*, I, 1, 1).

Mas como repousar seu coração em Deus? Vejamos o que diz o Salmo 90: "Tu, que habitas sob a proteção do Altíssimo, que moras à sombra do Onipotente, dize ao Senhor: 'Sois meu refúgio e minha cidadela, meu Deus, em quem eu confio.'"

Para que possamos entender bem o que é essa categoria

de repouso, é preciso analisar algumas palavras fundamentais desse trecho: *Onipotente*, *refúgio* e *cidadela*.

Onipotente significa poder realizar qualquer feito. O arcanjo Gabriel nos ensina uma verdade espiritual ao anunciar à Virgem Maria a gravidez de sua prima, a idosa Santa Isabel: "Para Deus nada é impossível" (Lucas 1, 37). O Pai Celestial criou todas as coisas e pode, quando bem entender, transformá-las ou destruí-las.

Refúgio é o lugar para onde se foge a fim de escapar a um perigo. Quando você tem Deus como refúgio, Aquele a quem você procura quando a tempestade se forma ou a guerra acontece, não tem medo dos ataques do maligno.

Cidadela é a fortaleza militar situada em algum lugar estratégico de uma cidade, com a finalidade de protegê-la. O inimigo titubeia diante de uma suntuosa cidadela, pois precisa ter muito poder de fogo e um exército gigantesco para fazê-la ruir.

Agora ficou mais claro o significado do trecho do Salmo 90. Se a pessoa tem o hábito de se colocar todos os dias sob a proteção de Deus, pode permanecer na paz e ter serenidade para decidir as questões da vida. Sabe que seus pensamentos estão seguros com o Todo-Poderoso, não serão facilmente perturbados pelo maligno. O Senhor é o local de repouso de sua alma, pois é como uma fortaleza intransponível a lhe oferecer refúgio em qualquer hipótese.

Se você quer repouso para sua alma, precisa compreender que habitar não é a mesma coisa que visitar. Habitar significa morar. Tem viés de permanência. O visitante, como vocês sabem, aparece de vez em quando. Os fiéis que vão à igreja ocasionalmente ou só fazem sua oração pessoal em alguns dias na semana não gozam desse repouso. Não cumprem os requisitos que a Palavra de Deus impõe. Então, é fundamental que você esteja todos os dias, em espírito, mente e coração, com o Pai Celestial.

Quando você habita sob a proteção do Altíssimo, como diz o salmo, uma promessa divina se cumpre: "Aos seus anjos ele mandou que te guardem em todos os teus caminhos. Eles te sustentarão em suas mãos, para que não tropeces em alguma pedra" (Sl 90, 11-12). Conclusão: sua alma encontrará repouso, você se sentirá seguro e sereno, com pensamentos e sentimentos ordenados, e os anjos do Senhor lhe auxiliarão no caminho, para que seu processo de tomada de decisões seja vitorioso e nenhuma armadilha o apanhe de surpresa.

Além disso, para se decidir, é necessário se colocar em oração, pedindo auxílio ao Espírito Santo, fonte dos dons da sabedoria e do discernimento. No Livro dos Provérbios está escrito que "com a sabedoria se constrói a casa, e com a prudência ela se firma" (Pr 24, 3).

Outra condição para se resolver bem é levar em consideração seus princípios e valores religiosos e/ou morais e procurar não violá-los. Quais são os seus mais relevantes, que guiam você ao interpretar o mundo?

Todos nós absorvemos valores em nossos lares e colégios. Fomos educados neles. Podemos dizer que fazem parte do que chamamos de "nossa consciência". Por isso, ouvimos conselhos como "não vá contra sua consciência" ou "não viole sua consciência", significando que não ficaremos em paz se quebrarmos esses princípios.

Os cristãos extraem os princípios mais relevantes de sua vivência dos Dez Mandamentos. Para os que não sabem o que são, dou uma breve explicação. Em Êxodo 20, 1-21, Javé (ou seja, Deus) desceu no topo da montanha do Sinai e convidou Moisés – o homem que libertou o povo hebreu da escravidão no Egito – a encontrá-lo lá no alto.

Ao chegar ao local indicado, o Senhor expôs a Moisés dez regras (daí o nome Dez Mandamentos) muito valiosas para quem deseja ganhar a amizade d'Ele e ter bom relacionamento com os homens. O Pai Celestial deixou claro ao profeta que todo o povo, sem exceção, deveria cumprir esses mandamentos, como amar a Deus sobre todas as coisas, honrar pai e mãe, não matar, não apresentar falso testemunho.

Outro ponto fundamental para a tomada de decisão é a informação – aquilo que sabemos ou necessitamos saber sobre a situação diante de nós. Devemos colher o máximo possível de informações a respeito de tudo o que envolve a resolução.

Obviamente, às vezes não temos todos os dados necessários, mas ainda assim precisamos decidir. Nesse caso, é importante ter a consciência e a exata percepção daquilo que está faltando e lutar para obter mais informação enquanto tentamos adiar o máximo possível o prazo final para resolver.

Também é essencial termos noção de quantas e quais pessoas serão afetadas pela decisão. Precisamos pensar no outro e nos colocarmos no lugar dele. Sei que no mundo de hoje as pessoas não estão preocupadas com aqueles com quem convivem, mas é necessário lembrar a regra de ouro de Jesus: "Ame ao Senhor seu Deus com todo o seu coração, com toda a sua alma e com todo o seu entendimento. Esse é o maior e o primeiro mandamento. O segundo é semelhante a esse: Ame ao seu próximo como a si mesmo. Toda a Lei e os Profetas dependem desses dois mandamentos" (Mateus 22, 37-40).

Não podemos tomar decisões que nos favoreçam individualmente, esquecendo-nos das necessidades e dores dos que dependem de nós. Se você tem família, não deve deixar de considerar como ficarão as pessoas que dependem de você, como seus filhos e seu cônjuge.

Por fim, precisamos entender que nossos atos produzem efeitos imediatos, de médio e de longo prazo. Cada etapa deve ser levada em conta. Algumas ações provocam consequências por muito tempo. Se não tivermos a capacidade de prever, com alguma precisão, a duração dos efeitos, podemos ter ou causar sérios prejuízos.

Saber escutar

Desavenças entre parentes e amigos podem abrir brechas para ataques espirituais. Parte delas ocorre por falha ou falta de comunicação externa. Saber ouvir o outro, dar-lhe oportunidade para falar ou se explicar, mantém íntegra a defesa espiritual e psíquica, evitando que as ideias e os desejos comunicados (ou mesmo a ausência de comunicação) sejam interpretados de forma equivocada, causando malefícios.

Quando estamos em um debate, ou simplesmente conversando com alguém, é de grande valia ouvir de forma eficiente, ou seja, escutar o que aquela pessoa está realmente falando, e não o que pensamos (interpretamos) que ela quer dizer. Algumas vezes, isso significa escutar algo de que não gostamos ou que não esperamos. Também é importante entender o contexto em que o bate-papo se dá ou em que os participantes da conversa se encontram. Isso influencia bastante o significado das palavras.

A diversidade de pensamento é essencial no desenvolvimento de uma sociedade, e deve haver respeito pelas ideias alheias. Você pode não aceitá-las, mas não pode negar a alguém a liberdade de manifestá-las (de modo educado e respeitoso), mesmo que só para contestá-las depois. Lembre que Jesus tinha ideias consideradas revolucionárias para os ouvidos dos mestres da lei e fariseus. Imagine se tivesse sido completamente censurado ou silenciado. Que tristeza seria para toda a humanidade!

Outro ponto a se considerar é que não convém dar a resposta de imediato ou rebater de pronto qualquer argumento apresentado. Dar uma pausa, para uma respiração mais profunda, por exemplo, costuma ajudar nosso cérebro a focar melhor.

Somos criaturas racionais e Deus espera que usemos nossa inteligência. Agir por impulso às vezes tem sua utilidade, como numa situação de vida ou morte que depende de sua velocidade de resposta, mas não deve ser a prática usual. Avaliar com cuidado o que nos é dito, ponderar antes de retrucar, costuma ser bastante proveitoso.

Domínio da língua

Um instrumento bastante utilizado pelos espíritos malignos é a nossa língua. Sim, aquilo que você fala aos outros (mais um componente da comunicação externa) pode causar problemas duradouros. Isso é tão grave que o apóstolo Tiago usa todo o terceiro capítulo de sua carta para admoestar sua comunidade a refrear os excessos da língua. Veja sua avaliação sobre o potencial maléfico das palavras: "A língua está entre os nossos membros e contamina todo o corpo; e sendo inflamada pelo inferno, incendeia o curso da nossa vida" (Tg 3, 6). Por sua vez, o Livro dos Provérbios nos ensina que "há quem use a língua como espada, mas a língua dos sábios produz cura" (Pr 12,18).

Podemos ferir um número incontável de pessoas por meio das palavras que proferimos. Por vezes, fazemos isso "sem querer". Pouco importa: a partir do momento em que sai da sua boca, a palavra não volta mais. Vai ao mundo e produz seus efeitos. Se foi mal formulada, explicar que "não foi bem isso" que você quis comunicar não vai remediar a situação. Aliás, ela pode permanecer por muitos e muitos anos. Já pensou sobre isso?

Devemos medir nossas palavras e aprender o tempo adequado de expressá-las aos outros, para que não façamos surgir novos conflitos e, portanto, brechas nas defesas espirituais e psíquicas de nossa família, de nossa comunidade e de nosso ambiente de trabalho.

O silêncio — exemplo de Maria

A Bíblia conta que, por ocasião do nascimento de Jesus, pastores receberam a visita de um anjo, que lhes revelou que o Messias acabara de chegar à Terra. Ao final do anúncio, os pastores viram o ser angélico se juntar a uma multidão de anjos que cantavam e louvavam a Deus. Quando o grupo foi embora, rumo ao Reino dos Céus, os pastores decidiram ir até Belém e visitar o Menino Deus. Na presença de Maria, José e Jesus, contaram a eles sobre o extraordinário encontro com as criaturas celestes e o que elas lhes haviam dito sobre o recém-nascido.

Em vez de tecer comentários ou mesmo comemorar alegremente o fato de seu filho ser tão importante e especial para o mundo, Maria se calou. Segundo o Evangelho de Lucas: "Maria, porém, conservava todos esses fatos e meditava sobre eles em seu coração. Os pastores voltaram, glorificando e louvando a Deus por tudo o que haviam visto e ouvido, conforme o anjo lhes tinha anunciado" (Lc 2, 19-20).

Maria preferia ouvir com atenção o que lhe diziam, analisar com calma as informações que lhe passavam e só falar o necessário. Mesmo sendo de poucas palavras, era acolhedora. Seu silêncio não era praticado de forma a ignorar o outro. Ela não era uma mulher mal-educada nem mal-humorada. Muito pelo contrário: passava confiança e ouvia a pessoa devotando-lhe toda a sua atenção. Dava importância a cada um que viesse estar com ela. Isso explica, em parte, a felicidade dos pastores recebidos por Maria e José.

A sabedoria popular destaca que nascemos com duas orelhas e uma boca, isto é, devemos ouvir muito mais do que falar. Maria tinha essa consciência. Sabia que ser prudente em qualquer sociedade, em qualquer tempo, é fundamental para se evitar conflitos e ataques. Trata-se de colocar em prática o ensinamento dado por Jesus ao enviar em missão seus discípulos: "Eis que eu envio vocês como ovelhas no meio de lobos. Portanto, sejam prudentes como as serpentes e simples como as pombas" (Mateus 10, 16).

Como bons judeus, Jesus e Maria conheciam e colocavam em prática a instrução dos Provérbios: "Quem vigia a própria boca conserva a vida; quem solta a língua caminha para a ruína" (Pr 13, 3).

Assim, alguns assuntos não devem ser tratados fora do núcleo familiar em que você vive – a saúde financeira do casal, por exemplo. Fazer alarde da riqueza ou lamentar o fracasso financeiro em público são atitudes que abrem brecha para ataques do maligno. Infelizmente, quando nos gabamos, atraímos inveja e rancor daqueles que desejam nossa derrota e, ao mostrarmos nossa desgraça, muitos que não gostam de nós aproveitam nossa fraqueza para nos prejudicar ainda mais.

O mesmo pode ser dito dos relacionamentos entre marido e mulher ou entre pais e filhos. Jamais devemos desabonar a imagem de quem amamos ou de quem nos ama. Como diz o ditado: roupa suja se lava em casa. Qualquer reclamação pública mais séria a respeito de quem vive com você, com quem você divide sua vida, pode trazer sérias consequências para sua família. Lembre-se: uma vez que as palavras saem da boca, não podem mais retornar.

Guardar a privacidade do lar é de suma importância, já que parte dos seres humanos se comporta como siris presos em um balde. Quem já pescou siri sabe que, quando os colocamos num balde fundo, uns pisoteiam os outros na tentativa de sair dali. Infelizmente, a solidariedade não faz parte do grupo aprisionado. Na nossa sociedade, observamos comportamento semelhante, praticado por algumas pessoas que só têm olhos para si.

A devoção à Virgem Maria

Os católicos brasileiros conhecem uma famosa canção que homenageia a Virgem Maria que se inicia da seguinte forma: "Quem é esta que avança como a aurora, temível como exército em ordem de batalha?" Essa letra realça o poder de Maria Santíssima no combate espiritual, nos ensinando que ela equivale a um exército com alto poder defensivo e ofensivo.

Por que essa mulher fantástica, chamada de Mãe de Deus, estaria disposta a nos defender? Em primeiro lugar, porque ela nos assumiu como filhos, em obediência a Jesus. Toda boa mãe defende os seus com ferocidade. Veja, a esse respeito, o Evangelho de João:

> A mãe de Jesus, a irmã da mãe dele, Maria de Cléofas, e Maria Madalena estavam junto à cruz. Jesus viu a mãe e, ao lado dela, o discípulo que ele amava. Então disse à mãe: "Mulher, eis aí o seu filho." Depois disse ao discípulo: "Eis aí a sua mãe." E dessa hora em diante, o discípulo a recebeu em sua casa.
> (Jo 19, 25-27)

Naquele momento de dor, suspenso na cruz, Jesus não entregou a mãe apenas ao discípulo que amava. Na mente do nosso Redentor, aquele homem estava lá representando toda a humanidade. Assim, toda pessoa que decide levar Maria Santíssima para casa e tê-la como mãe goza plenamente da sua proteção, como filho ou filha espiritual.

O Catecismo da Igreja Católica (§ 501) ensina que "Jesus é o Filho único de Maria. Mas a maternidade espiritual de Maria estende-se a todos os homens que Ele veio salvar". Notem que os católicos, há séculos, conhecem bem essa filiação especial.

Ser filho de Maria e gozar de sua proteção não é algo genérico e abstrato. Ainda assim, pode surgir a dúvida: na prática, como essa proteção se dá? O que a Virgem Maria pode nos proporcionar em termos de defesa espiritual?

Algumas pessoas pensam que a Mãe de Deus é uma figura distante dos que vivem aqui na Terra. Afinal, ela já está na Glória, junto a Jesus, no Paraíso, enquanto nós, pecadores, prosseguimos no caminho em busca da conversão. Graças a Deus, esse raciocínio é completamente equivocado. Maria está bem perto dos seus filhos. Cumpriu com louvor seu papel durante a vida na Terra, mas desempenha outro, extraordinário, enquanto vive no reino celestial. Tive uma experiência mística muito bonita que retrata essa proximidade e esse acolhimento da Mãe Santíssima.

No dia 1º de dezembro de 2022, eu estava em peregrinação na Itália, com um grupo de 150 pessoas. Estávamos na cidade de San Giovanni Rotondo, o lugar onde São Pio, um dos grandes místicos da Igreja Católica, viveu boa parte da vida. Lá, pode-se visitar a igrejinha onde ele celebrava as missas, o confessionário onde atendia o povo e a cela onde dormia no convento, ver seus poucos pertences e, o mais importante, ver seu corpo, que está incorruptível até hoje – sendo que ele faleceu em 23 de setembro de 1968!

Naquela manhã, após a Santa Missa, o grupo foi até o convento onde o santo viveu para conhecer o lugar, bem como rezar diante de seu corpo intacto. Eu havia marcado de encontrá-los no bosque, que fica atrás do santuário do local, para fazer a Via-Sacra a partir das onze e meia.

Eu me preparava para sair do hotel, colocando o cachecol diante da porta, quando duas recepcionistas italianas me chamaram:

– O senhor não pode sair desse jeito. Já está chovendo e a previsão é que, dentro de alguns minutos, teremos uma tempestade com raios. Pelo menos leve um bom guarda-chuva.

– Nossa! Será que vai ser tão forte assim? Eu marquei uma Via-Sacra com meu grupo de peregrinos lá no bosque.

– Para agora? – questionou uma delas.

– Em aproximadamente meia hora – esclareci, tranquilo.

– Creio que não vai ser possível – falou a recepcionista mais velha.

Nesse instante, uma das peregrinas retornava apressada ao hotel e me viu junto à recepção.

– Pedro, vim buscar o guarda-chuva. O tempo está bem feio. Parece que vem uma tempestade por aí – disse ela, esbaforida.

– Pois é. As moças da recepção acabaram de me informar que já está chovendo.

– E olha que o Rafael me contou que, ontem, tinha falado sobre o tempo com você. Ele disse que fez o que vocês combinaram!

– Nossa! Esqueci completamente do trato com o Rafael. Eu não fiz o pedido que devia ao arcanjo – falei, colocando as mãos na cabeça.

Na noite anterior, após o jantar, um dos membros do grupo de peregrinos, Rafael, me dissera que a previsão do tempo para o horário da Via-Sacra era muito ruim. Perguntou se eu não poderia interceder a São Rafael. Isso porque em 2021, em Lourdes, na França, ele estava comigo quando aconteceu um caso parecido: a previsão do tempo também era péssima, com possibilidade de uma tempestade de neve, inviabilizando a Via-Sacra. O arcanjo, contudo, atendera ao meu pedido, concedendo céu azul.

– Pedro, posso ajudar oferecendo um rosário em honra de São Rafael Arcanjo, pelo bom tempo durante nossa Via-Sacra de amanhã – falou Rafael. – Consigo, inclusive, mais gente para rezar comigo lá no santuário, agora de noite. Você fala com o arcanjo? – Ele estava bastante confiante que seria bem-sucedido.

– Está ótimo, Rafael. Vou fazer o pedido ao arcanjo esta noite e dizer que vocês vão oferecer um rosário pela intenção do bom tempo amanhã.

Porém, eu me esqueci completamente. Acabei adormecendo, sucumbindo a um resfriado que já me incomodava havia dois dias. Mas nem tudo estava perdido. Eu tinha meia hora para solucionar o problema. Voltei apressado ao meu quarto e, após uma breve prece, chamei São Rafael.

Em poucos minutos, pude ver sua intensa luz entrar pela janela, uma mescla de amarelo e magenta. Ele pairava no ar, próximo às nuvens carregadas do céu.

– Arcanjo amigo, eu preciso de um favor seu com urgência. A previsão do tempo está um horror e 150 pessoas vão fazer a Via-Sacra comigo caminhando pelo bosque. É muito importante que eles possam se concentrar e aproveitar ao máximo a oração, mas uma tempestade está chegando aqui na cidade e vai acabar arruinando tudo.

– A que horas você pretende iniciar a Via-Sacra? – perguntou ele.

– Por volta de onze e meia. Talvez atrase um pouco porque o grupo é grande. Sabe como é...

Eu sorri sem graça. Ele me encarou, sério, aquiesceu e desapareceu.

Senti de imediato que meu pedido seria atendido. Desci correndo, sem capa ou guarda-chuva, passei como um raio pela recepção e fui em direção à entrada do bosque repleto de pinheiros. A chuva aumentava. Quando me encontrei com o grupo, numa praça na frente da escadaria que leva ao bosque, olhei para o céu e percebi que as nuvens acima de nós começavam a se dissipar lentamente. O arcanjo já estava trabalhando em favor da nossa oração.

Logo que iniciei a Via-Sacra, no marco da primeira estação, o sol apareceu. Ainda podíamos ver muitas nuvens carregadas, mas estávamos sob uma espécie de clareira, que permitia que observássemos o céu e o sol. O astro rei se apagou e virou uma hóstia que começou a girar no firmamento. As pessoas ficaram encantadas. A seguir, o sol virou a lua, com crateras nítidas. O arcanjo Rafael se fez visível aos olhos de boa parte do grupo, no céu. Lançou sobre as pessoas sua bênção, na forma de bolas de luz rosa-amareladas que grudaram em nossa cabeça.

– Pedro, avise ao grupo que, no caminho de vocês, a Rainha estará presente – São Rafael me comunicou telepaticamente.

Por um breve momento, fiquei em dúvida: o que isso significava exatamente? Era óbvio que a Virgem Maria estaria sempre presente no caminho de todos os que clamam por seu auxílio. Então, o arcanjo deveria estar se referindo à presença de Maria Santíssima durante a Via-Sacra. Será que aquelas pessoas teriam a graça de ver a mãe de Jesus com os próprios olhos?

Enquanto caminhava com o povo rumo a outra estação, me comuniquei mentalmente com meu anjo da guarda:

– Eu queria muito que minha Mãe Santíssima me aparecesse hoje vestida de sol. Acho que ela fica imponente, demonstrando todo o poder dela, como a mulher do Apocalipse, que pisa na cabeça da serpente. Eu me sinto mais protegido e inspirado quando isso acontece.

Eu me referia à passagem do Livro do Apocalipse, onde está escrito: "Apareceu no céu um grande sinal: uma Mulher vestida com o sol, tendo a lua debaixo dos pés, e sobre a cabeça uma coroa de doze estrelas" (Ap 12, 1).

Em cada Via-Sacra que fiz, sempre contei com a presença de Maria. Sabia que aquele dia não seria diferente. Em algum momento, ela surgiria para mim.

Maria Santíssima já me havia aparecido algumas vezes

vestida de sol, com sua coroa de doze estrelas na cabeça, descalça e segurando um rosário de ouro nas mãos. Naquela manhã, gostaria de vê-la dessa forma.

– Faça seu pedido à Rainha – disse São Rafael, referindo-se ao meu desejo de vê-la como a senhora do Apocalipse.

– Arcanjo amigo, sei que ela virá e poderei vê-la. Mas será que ela vai mesmo aparecer para o grupo?

Voltei meu rosto para o alto, tentando ver se Maria estava por perto. Até aquele momento, não a vira. O arcanjo nada respondeu.

O sol ficou para trás, encoberto pelos altos pinheiros do bosque. Quando nos colocamos em marcha, rumo à próxima estação da Via-Sacra, numa caminhada de passos lentos, cantando louvores a Deus, surgiu uma luz oval, de amarelo intenso como o do sol, acima das árvores bem à nossa frente. No centro da luz, vestida de sol, estava a Virgem Maria, descalça e com o rosário de ouro na mão esquerda.

Os que caminhavam perto de mim se espantaram com a luz. Diminuindo o passo e olhando para cima, perguntaram o que era aquilo. Parei o grupo e comecei a explicar. Percebi que parte das pessoas podia ver o brilho intenso e a luz amarelada no local onde estava a Virgem Maria. Foi uma grande emoção!

As pessoas que conseguiram ver a Mãe de Deus nunca imaginaram que um dia poderiam se deparar com ela em um bosque. Muito menos naquele bosque, um local ao qual praticamente ninguém na literatura católica faz menção. Além disso, no fundo não acreditavam que a Virgem Maria estaria tão próxima, acompanhando-os no dia a dia.

Aquele belo encontro fez com que os integrantes do grupo mudassem de opinião. Para eles, Maria não era mais uma figura distante. Depois que encerramos a Via-Sacra, após o almoço, perguntei a alguns peregrinos o que estavam sentindo. Eles contaram que se encontravam em estado de graça e tinham a convicção de que a Rainha dos Anjos os protegeria e acompanharia pela vida toda. Perfeito!

O rosário

O rosário tem sido a minha principal oração e devoção mariana desde que, trinta anos atrás, comecei a conduzir um grupo de oração aberto ao povo, na igreja católica do meu bairro. Por que tenho tanto amor ao rosário e o que ele tem a ver com defesa espiritual?

Em suas aparições reconhecidas pela Igreja Católica, a Virgem Maria nos convida à conversão e à oração. Ela mesma apresenta a devoção do rosário como arma fundamental para a defesa contra o mal e como um instrumento apto a atrair as graças do Pai Celestial.

Na aparição a Santa Bernadette Soubirous, em 11 de fevereiro de 1858, na França (uma das mais famosas e amadas entre os católicos), Nossa Senhora trajava um vestido branco, com uma faixa azul presa na cintura e, em suas mãos, segurava um rosário. Ficou evidente o recado da Mãe Celestial sobre a necessidade de adotar a prática do rosário.

O rosário tem poder curativo e libertador. Já recebi muitas graças por meio dele. Em dezembro de 2021, por exemplo, ganhei uma graça especial após rezá-lo e me banhar nas águas do Santuário de Lourdes.

Eu estava com um grupo de peregrinos no famoso santuário católico do sudoeste da França. Certa manhã, fomos à casa de banho do local, onde é permitido que os fiéis entrem nas piscinas cheias das águas milagrosas vindas da fonte que Nossa Senhora do Rosário fez brotar, séculos antes, na Gruta de Massabielle, diante de Santa Bernadette.

Um senhor francês, funcionário do santuário que organizava a fila de fiéis, nos avisou que não seria possível o banho completo, devido à covid-19. Poderíamos apenas molhar as mãos e os punhos. Meu coração murchou. Pensei: viemos de tão longe para entrar nessas piscinas e agora nos proíbem! Fiquei decepcionado, pois queria banhar todo o corpo, submergir. Porém, precisava disfarçar minha tristeza, pois estava com meu grupo e não queria perturbar a fé de ninguém em um dia tão bonito.

O senhor francês me pediu que eu conduzisse um rosário para o povo que também aguardava a vez, juntamente com o padre André Luiz Rodrigues (mais conhecido como padre André "Maravilha", professor de Teologia da Pontifícia Universidade Católica do Rio de Janeiro). Ao fim da oração, quando entrei no recinto do banho, me deparei com uma freira francesa muito simpática. Ela segurava uma grande jarra prateada com a água de Lourdes. A piscina, entretanto, estava mesmo vazia.

A religiosa me informou que eu deveria estender as mãos. Tirei o casaco e disse a ela que queria que molhasse os meus braços e a cabeça também. Ela riu e, para minha surpresa, concordou. Falou que, antes de receber a água, eu deveria fazer meus pedidos a Nossa Senhora e rezar juntamente com ela.

Pedi a intercessão da Mãe Santíssima para que eu não tivesse mais cálculo renal. Desde a juventude, eu tivera vários problemas por causa disso: internação, sangramento pela urina e dores horríveis me atormentavam havia um bom tempo.

Sinceramente, já estava conformado com a minha situação e, de acordo com meu último exame renal, sabia que em algum momento precisaria lidar com as três pedras enormes: duas no rim esquerdo e uma no direito. A recomendação do urologista era fazer uma cirurgia, mas eu nunca a acatara, apesar de saber do risco de ter que me submeter a uma operação de emergência caso as pedras começassem a se movimentar nos meus rins.

Naquela manhã em Lourdes, veio com força em minha mente a ideia de que eu precisava pedir aquela graça de cura à Virgem Maria. Era a chance de me livrar do problema sem ter que passar por uma cirurgia ou algum sofrimento maior. Como meu anjo da guarda não estava ali presente, acredito que o pedido tenha sido inspirado pelo Espírito Santo.

Meses depois, no Rio de Janeiro, fiz uma ressonância magnética nos rins. Quando as imagens começaram a aparecer na tela do computador da médica, perguntei:

– Doutora, o que a senhora acha dessas pedras nos rins? Preciso de intervenção cirúrgica?

– Você tem pedras nos rins? – perguntou ela, intrigada.

– Sim. Elas são enormes. Não estão aparecendo aí? – Estiquei o pescoço e estreitei os olhos para tentar ver melhor.

– Seus rins estão em perfeito estado, não há qualquer vestígio de pedras. Olhe aqui – disse ela, virando a tela para que eu pudesse checar.

Meu Deus! Não há mais nada, pensei com enorme alegria. Não havia uma explicação humana para o ocorrido. Em nenhum momento eu tinha expelido aquelas pedras, até porque eram grandes demais para saírem naturalmente. Aliás, expelir um cálculo renal nunca passa despercebido pela pessoa. A dor marca a expulsão de cada pedra. Quem já passou por isso sabe bem.

Naquele dia, deitado na maca da clínica, não me lembrei do pedido de cura. Não procurei explicações, apenas saboreei a alegria por me livrar de um problema tão antigo. Entretanto, sabia que a cura era um milagre.

Em um domingo de dezembro de 2022 – meses após o exame dos rins e um ano após me banhar nas águas de Lourdes –, eu estava em Roma, com o mesmo grupo de peregrinos que fez comigo a Via-Sacra no bosque de San Giovanni Rotondo.

Eu estava ao lado de meu primo, padre Alexandre Pinheiro, na Praça de São Pedro, esperando a oração do Ângelus. Em alguns minutos, o papa Francisco apareceria na tradicional janela do prédio do Vaticano para falar algumas palavras e rezar com a multidão que se aglomerava no local.

Ao observar de perto o obelisco da praça, que estava exatamente às minhas costas, veio com absoluta clareza à minha mente: Pedro, você ganhou a graça da cura dos rins após rezar o rosário e se banhar, com fé e alegria, nas águas provenientes da fonte de Nossa Senhora do Rosário, em Lourdes. Imagine minha gratidão e emoção!

Na Carta Apostólica *Rosarium Virginis Mariae*, o papa São João Paulo II ensina sobre o poder da oração do rosário:

> Tudo o que foi dito até agora manifesta amplamente a riqueza desta oração tradicional, que tem não só a simplicidade duma oração popular, mas também a profundidade teológica duma oração adaptada a quem sente a exigência duma contemplação mais madura.
>
> A Igreja reconheceu sempre uma eficácia particular ao Rosário, confiando-lhe, mediante a sua recitação comunitária e a sua prática constante, as causas mais difíceis. Em momentos em que estivera ameaçada a própria cristandade, foi à força desta oração que se atribuiu a libertação do perigo, tendo a Virgem do Rosário sido saudada como propiciadora da salvação.
>
> À eficácia desta oração, confio de bom grado hoje – como acenei ao princípio – a causa da paz no mundo e a causa da família.

Não se sabe com exatidão quem criou o rosário ou quando isso ocorreu. Algumas fontes sugerem que sua origem remonta ao século IX, nos mosteiros e conventos católicos, onde os religiosos rezavam 150 salmos todos os dias. A partir daí, surgiu a prática dos 150 Pai-Nossos ou Ave-Marias.

Em 1365, fez-se uma combinação das orações, dividindo as 150 Ave-Marias em 15 dezenas e colocando um Pai-Nosso no início de cada uma delas. Por volta de 1500, foi estabelecido que, a cada dezena, seria meditado um episódio da vida de Jesus ou Maria, e assim surgiu o rosário de quinze mistérios. A partir de então, a devoção passou a ser dividida em três partes: mistérios gozosos (nascimento e infância de Jesus), mistérios dolorosos (o sacrifício de Jesus na cruz) e mistérios gloriosos (ressurreição de Jesus). Cada grupo de mistérios equivalia a um terço do rosário. Por isso, nós, brasileiros, o denominamos "terço".

Em 2002, o papa João Paulo II, por meio da Carta Apostólica *Rosarium Virginis Mariae*, recomendou a inserção de um quarto mistério no rosário: os mistérios luminosos, sobre o ministério de Jesus junto ao povo. Ainda assim, pelo hábito, continuamos a chamar de terço cada grupo de mistérios. Aliás, na citada carta, o próprio papa declarou que o rosário era sua oração preferida.

Em todas as quatro partes do rosário, há a mesma estrutura de oração: inicia-se com o Credo, um Pai-Nosso em honra à Santíssima Trindade, o Ângelus e, finalmente, se ingressa nos mistérios. Ao fim de cada grupo de cinco mistérios, reza-se a Salve-Rainha.

O rosário é uma oração bastante simples e, ao mesmo tempo, muito poderosa. A Virgem Maria, em sua famosa aparição em Fátima, Portugal, no século XX, se apresentou aos pastorinhos videntes como "A Senhora do Rosário". Como narrou a irmã Lúcia (uma das videntes), em suas *Memórias*, Nossa Senhora lhes ensinou que era fundamental recitar o rosário todos os dias para obter a paz no mundo e o fim da guerra (no caso, a Primeira Guerra Mundial). De fato, além de não ter atingido Portugal, a guerra acabou pouco depois. Essa mensagem é bastante atual. Quantos necessitam de paz em seus lares e desejam o fim de incontáveis guerras que enfrentam juntamente com suas famílias? Para atingir esse objetivo, rezar um terço por dia já seria um bom começo. Será que essa prática espiritual exige muito esforço?

Os que não estão acostumados a cultivar sua espiritualidade diariamente pensam que adotar essa arma espiritual toma muito tempo. Imagine: rezar quatro terços por dia! Um bom número de pessoas tem esse hábito, mas aconselho que você comece com um terço por dia. Isso significa aproximadamente quinze a vinte minutos dedicados ao rosário. Depois você pode ir acrescentando. O benefício da proteção sobre você e sua casa vale cada minuto.

São Domingos, beato Alain de la Roche e o rosário

Em 1214, na cidade francesa de Toulouse, São Domingos de Gusmão passava por momentos difíceis e, em penitência, estava em jejum. Havia três dias e três noites que o frade não comia nada. Enquanto estava em oração, Nossa Senhora apareceu e lhe perguntou se sabia qual era a arma que a Santíssima Trindade tinha para reformar o mundo.

São Domingos respondeu que, depois de Jesus, a Virgem Maria era o grande instrumento da salvação humana. Nossa

Senhora então disse que, se quisesse realmente ganhar corações para Deus, deveria rezar o "saltério" dela. Ela se referia ao santo rosário.

Após a aparição mariana, São Domingos foi à Catedral de Toulouse para falar com os fiéis. Assim que entrou, os sinos da igreja se puseram a tocar sem qualquer intervenção humana. Quando ele começou a pregar, teve início uma forte ventania, acompanhada por um tremor de terra. O sol sumiu atrás das nuvens e o céu foi cortado por raios.

Uma imagem de Nossa Senhora que estava no interior da igreja levantou três vezes os braços pedindo justiça a Deus para aqueles que não recorressem a Ele ou não se arrependessem de seus pecados. Imediatamente, São Domingos interrompeu a pregação e começou a recitar o rosário com os que estavam presentes. A tormenta cessou. O frade pôde, então, prosseguir com seu sermão ao povo. A notícia do evento sobrenatural correu e os habitantes de Toulouse adotaram a devoção do santo rosário.

São Domingos não era um homem qualquer. Espanhol dotado de grande inteligência, disciplina e força de vontade, foi o fundador da Ordem dos Pregadores, cujos membros são conhecidos hoje como frades dominicanos. Uma pessoa muito instruída e capaz que tinha por principal devoção a oração do rosário.

Por falar nos frades dominicanos, muitos anos depois um dos membros da ordem de São Domingos, o beato Alain de la Roche (ou Alanus de Rupe), nascido na França em 1428, também recebeu a visita de Nossa Senhora. Durante uma de suas aparições ao homem, a Virgem Maria fez quinze promessas, válidas para todos os que rezassem o rosário com devoção:

1. Todos os que rezarem o rosário com constância receberão graças especiais.
2. Os que rezarem devotamente o rosário terão a proteção especial de Nossa Senhora e grandes graças.
3. Os devotos do rosário serão dotados de uma armadura poderosa contra o inferno, pois conseguirão destruir o vício, o pecado e as heresias.
4. O rosário fará florescer as virtudes e as boas obras, obtendo abundante misericórdia divina para as almas, elevando o devoto ao desejo dos bens celestes e eternos.
5. Quem confiar na Virgem Maria, por meio da oração do rosário, jamais perecerá.
6. Todo aquele que rezar devotamente o rosário não será atingido por desgraças. Se for pecador, se converterá. Se for justo, crescerá em graças e se tornará digno da vida eterna.
7. Os verdadeiros devotos do rosário não morrerão sem receber os sacramentos da Igreja Católica.
8. Todos aqueles que rezarem com fidelidade o rosário terão, durante a vida e no instante da morte, a plenitude das graças e participarão dos méritos dos bem-aventurados.
9. Os devotos do rosário que forem para o purgatório serão prontamente libertados pela Virgem Maria.
10. Os devotos do rosário terão grande glória no Céu.

11. Tudo o que os fiéis devotos pedirem por meio do rosário lhes será concedido.
12. Nossa Senhora promete aos missionários do rosário auxílio em todas as suas necessidades.
13. Para todos os devotos do rosário, Nossa Senhora conseguiu de Jesus a intercessão de toda a corte celeste na vida e na morte.
14. Todos os que rezam o rosário são considerados filhos de Maria Santíssima e irmãos de Jesus.
15. A devoção ao rosário é grande sinal de predestinação (salvação).

Portanto, vemos que o rosário é uma arma poderosíssima no combate espiritual. Conforme as promessas acima, quem tem essa devoção e a exercita diariamente e com fidelidade possui uma armadura contra os ataques do maligno, além de receber proteção especial da Virgem Maria.

As cinco pedrinhas de Medjugorje

Medjugorje é uma vila do município de Čitluk, no sul da Bósnia-Herzegovina, na região dos Bálcãs. Lá, desde 24 de junho de 1981, a Rainha da Paz (um dos títulos dados à Virgem Maria) aparece a um grupo de seis videntes que, à época, eram apenas crianças. Por intermédio deles, a mãe de Deus dá mensagens mensais ao povo até os dias de hoje.

Ao longo dos meus anos como missionário, algumas pessoas me perguntaram se a Igreja Católica reconhecia as aparições de Nossa Senhora em Medjugorje. A resposta que sempre dei foi: ainda não, pois não pode haver reconhecimento oficial para as aparições que ainda estão em curso. Para ganhar, digamos assim, uma certificação do Vaticano, as aparições marianas de Medjugorje precisam cessar primeiro.

Seja como for, conhecemos a árvore pelos seus frutos. Faz muitos anos, Medjugorje atrai um enorme número de peregrinos. Há inúmeros testemunhos de curas e milagres que aconteceram por lá, por meio da intercessão da Rainha da Paz. Isso tudo sem contar o mais importante: a verdadeira conversão de inúmeras pessoas, de todas as partes do mundo, devido às mensagens dadas pela Virgem Maria através dos videntes.

Frei Jozo Zovko, um frade franciscano que estava na Igreja de São Tiago, em Medjugorje, desde o início das aparições da Rainha da Paz, observou que as mensagens dadas pelos videntes continham cinco ferramentas aptas a nos ajudar na nossa conversão, a nos defender dos ataques do maligno e abrir nossa vida às graças de Deus.

Fazendo uma comparação com a história bíblica em que Davi, o pequeno pastor israelita (que, mais tarde, se tornaria rei de Israel), venceu Golias, o guerreiro gigante filisteu, frei Jozo denominou essas ferramentas de "cinco pedrinhas". Para que você compreenda do que falo, no Primeiro Livro de Samuel está escrito:

> Saul vestiu Davi com sua própria armadura, colocou-lhe na cabeça um capacete de bronze, revestiu-o com a sua couraça, e pôs a espada na cintura dele, sobre a armadura. Em vão Davi

tentou andar, pois nunca tinha usado nada disso. Então falou a Saul: "Não consigo nem andar com essas coisas. Não estou acostumado." Tirou tudo, pegou o cajado, escolheu cinco pedras bem lisas no riacho e as colocou no seu bornal. Depois pegou a funda e foi ao encontro do filisteu.

Enquanto o filisteu se aprumava e se aproximava de Davi pouco a pouco, Davi correu depressa para se posicionar e enfrentar o filisteu. Davi enfiou a mão no bornal, pegou uma pedra, atirou-a com a funda e acertou na testa do filisteu. A pedra afundou na testa do filisteu, que caiu de bruços no chão. Assim Davi foi mais forte que o filisteu, apenas com uma funda e uma pedra: sem espada na mão, feriu e matou o filisteu. (1Sm 17, 38-40; 48-51)

O frade franciscano percebeu que, nos dias de hoje, também enfrentamos um gigante maligno que, como Golias, oprime o povo de Deus, provocando forte medo: os relacionamentos partidos, a falta de harmonia e amor nos lares, os problemas financeiros, a ausência de emprego para os chefes de família, os vícios, a falta de esperança, a solidão, a amargura, etc.

Segundo frei Jozo, era possível extrair essas cinco pedrinhas, essas ferramentas de socorro aos católicos, de mensagens dadas pela Rainha da Paz aos videntes de Medjugorje, especialmente durante os anos de 1982 a 1986. São elas: o jejum, a Santa Missa, o rosário, a confissão e a leitura da Bíblia.

Podemos destacar as seguintes mensagens, extraídas do site nossasenhorademedjugorje.org:

- O jejum

"Queridos filhos! Convido-vos a rezar e jejuar pela paz no mundo. Vós tendes esquecido que a oração e o jejum podem afastar também as guerras e enfim interromper as leis naturais. O melhor jejum é aquele a pão e água. Todos, com exceção dos doentes, devem jejuar. As esmolas e as obras de caridade não podem substituir o jejum." (21 de julho de 1982)

- A Santa Missa

"Convido-os a viver a Santa Missa. Muitos de vocês experimentaram a sua beleza, mas existem aqueles que não vêm (à Missa) voluntariamente. Eu escolhi vocês, queridos filhos, e Jesus, na Santa Missa, dá a vocês as Suas graças. Por isso, vivam conscientemente a Santa Missa, e a sua vinda (para assisti-la) seja plena de alegria. Venham com amor e acolham, em vocês, a Santa Missa." (3 de abril de 1986)

- O rosário

"Gostaria de que as pessoas, no dia de hoje, rezassem comigo. E que rezem o máximo possível! Que, além disso, jejuem nas quartas-feiras e nas sextas-feiras; que, todos os dias, recitem pelo menos o rosário." (14 de agosto de 1984)

- A confissão

"Precisa-se exortar as pessoas a confessar-se todos os meses, sobretudo na primeira sexta-feira ou no primeiro sábado do mês. Fazei isto que vos digo! A confissão mensal será um remédio para a Igreja Ocidental. Se os fiéis se confessarem uma vez por mês, rapidamente regiões inteiras podem ser curadas." (6 de agosto de 1982)

- A leitura da Bíblia

"Hoje eu convido vocês para lerem todos os dias a Bíblia em suas casas: coloquem-na em lugar bem visível, para que sempre os estimule a lê-la e a rezar." (18 de outubro de 1984)

Neste livro, já ficou clara a importância da leitura da Bíblia. Vimos ainda como é fundamental a oração do rosário no combate espiritual. A confissão, o jejum e a Santa Missa serão analisados nos capítulos que se seguem.

Sacramentos e sacramentais

Os sacramentos e os sacramentais são armas poderosas no combate espiritual. Você sabe qual a diferença entre eles e por que são tão eficazes?

Segundo o Catecismo da Igreja Católica (CIC), "os sete sacramentos são os sinais e os instrumentos pelos quais o Espírito Santo difunde a graça de Cristo, que é a Cabeça, na Igreja, que é seu Corpo" (§ 774). Mais adiante, encontramos: "Os sacramentos são sinais sensíveis (palavras e ações), acessíveis à nossa humanidade atual. Realizam eficazmente a graça que significam em virtude da ação de Cristo e pelo poder do Espírito Santo" (§ 1084). Através deles, recebemos as graças e somos protegidos pelo poder de Deus.

Para aqueles que não conhecem o tema, os sete sacramentos são: batismo, confirmação (também chamada de crisma), Eucaristia, penitência (ou confissão), unção dos enfermos, ordem e matrimônio.

Já os sacramentais são "sinais sagrados pelos quais, à imitação dos sacramentos, são significados efeitos principalmente espirituais, obtidos pela impetração da igreja" (CIC,

§ 1667). Trata-se de objetos bentos e utilizados para a purificação ou proteção do fiel, de sua família e seu lar.

E o Catecismo continua: "Entre os sacramentais, figuram em primeiro lugar as bênçãos (de pessoas, da mesa, de objetos e lugares). Toda bênção é louvor de Deus e pedido para obter seus dons. (...) Certas bênçãos têm um alcance duradouro: têm por efeito consagrar pessoas a Deus e reservar para o uso litúrgico objetos e lugares" (§ 1671, 1672).

Podemos citar a água benta, as velas votivas, as medalhas (como a famosa medalha milagrosa de Nossa Senhora das Graças), os escapulários e o óleo e o sal bentos. Enfim, são objetos religiosos que, marcados pela bênção sacerdotal, devem ser usados com fé, para a defesa espiritual e psíquica de quem os possui.

Batismo

O batismo é o fundamento de toda a vida cristã, que dá acesso a todos os demais sacramentos. Batizar (*baptizem*, em grego) significa mergulhar, imergir. Por isso, na cerimônia de batizado de uma criança ou adulto, o sacerdote joga água em sua cabeça, sobre a pia batismal.

Ao recebermos esse sacramento, somos purificados dos pecados e renascemos da água e do Espírito Santo. Segundo o parágrafo 1265 do Catecismo, pelo Batismo somos uma nova criatura, um filho adotivo de Deus, participante da natureza divina e templo do Espírito Santo. Ele faz de nós membros do Corpo de Cristo.

O batismo é tão importante que o próprio Jesus se submeteu a ele:

Jesus foi da Galileia para o rio Jordão, a fim de se encontrar com João [Batista] e ser batizado por ele. Mas João procurava impedi-lo, dizendo: "Sou eu que devo ser batizado por ti, e tu vens a mim?" Jesus, porém, lhe respondeu: "Por enquanto deixe como está! Porque devemos cumprir toda a justiça." E João concordou. Depois de ser batizado, Jesus logo saiu da água. Então o céu se abriu, e Jesus viu o Espírito de Deus, descendo como pomba e pousando sobre Ele. E do céu veio uma voz, dizendo: "Este é o meu Filho amado, que muito me agrada." (Mateus 3, 13-17)

Todas as vezes que estive em uma cerimônia de batismo, pude observar a presença do anjo da guarda da criança ou do adulto que estava sendo batizado. Eles se posicionam ao lado dos protegidos do início ao fim. No momento em que se faz o pequeno exorcismo, quando pais e padrinhos renunciam a Satanás em nome da criança, o ser angélico lança sobre seu protegido uma luz intensa. O mesmo acontece quando o sacerdote joga a água abençoada, dizendo as palavras sacramentais.

No começo do meu ministério de oração, quando eu ainda era bem jovem, um senhor me procurou ao final do terço que eu acabara de recitar com o povo, na Igreja de Santa Mônica, no Rio de Janeiro. Ele usava um elegante terno preto e uma gravata e iniciou a conversa após aguardar pacientemente a vez para falar comigo:

– Pedro, venho aqui rezar com você já há um tempo. Nunca fui de oração, mas algo nesse terço me faz muito bem. Obrigado por rezar conosco.

– Fico muito feliz em saber. A ideia, inclusive, é que as pessoas peguem o hábito de rezar o terço em casa todos os dias, não só aqui, uma vez por semana, quando estão comigo.

Naquela época, a reunião de oração baseada no terço, conduzida por mim na nave central da igreja, recebia cerca de quatrocentas pessoas e acontecia uma vez por semana. O senhor prosseguiu:

– Em alguns dias consigo rezar o terço sozinho, em casa, mas ainda tenho dificuldade. Com você e todas essas pessoas aqui na igreja, é muito mais fácil. Aos poucos, vou progredindo. Mas gostaria de perguntar algo. Não tem a ver diretamente com o terço.

– Tudo bem. O que é?

– Em uma das reuniões do terço este ano, você falou da importância dos sacramentos. Insistiu muito, dizendo que, para o nosso bem, precisamos recebê-los o maior número de vezes possível. Em especial, tratou da confissão e da Eucaristia.

– Sim. Volta e meia entro nessa questão aqui no grupo de oração.

– Pois é, eu nunca recebi nenhum deles.

– Você nunca se confessou nem fez a primeira comunhão?

– Pior, Pedro: eu nunca recebi nenhum sacramento. Não sou nem batizado. – Sem graça, ele fitou o chão. – Naquela noite, quando ouvi você falar da importância da confissão e da Eucaristia, cheguei em casa e fiquei pensando se minha vida poderia melhorar ainda mais se eu recebesse pelo menos esses sacramentos. Talvez eu esteja falando besteira...

– Agora, ele me olhava nos olhos.

– Não tem nada de errado no que você está me dizendo. Aliás, como você mesmo percebeu, esse assunto é muito importante. Desculpe perguntar, mas tem certeza de que nunca foi batizado na Igreja Católica?

– Tenho certeza absoluta. Quando eu era adolescente, minha mãe disse que eu nunca havia sido batizado porque ela e meu pai não gostavam de nenhuma religião em particular, apesar de nossa família ser de origem católica. Sabe como é: se diziam católicos "não praticantes".

– Entendo. Aqui mesmo, no terço, um certo número de pessoas diz que são católicas "não praticantes". Então sua mãe deixou a escolha de se batizar ou não para você, quando era adolescente?

– Exatamente. O problema é que nunca me interessei por isso. Também não frequentava a igreja e não tinha amigos que frequentassem. Não via razão nenhuma para ir lá.

– Claro, ninguém deu o exemplo nem mostrou como isso o beneficiaria.

– Lembra o que você falou no terço da semana anterior à Páscoa?

Eu neguei. Ele prosseguiu:

– Você disse que tinha gente que só ia à missa duas vezes ao ano: na Páscoa e no Natal. Pois eu não ia dia nenhum, nem mesmo nas duas datas mais importantes do ano! Para ser mais exato, a primeira vez que entrei em uma igreja, de-

pois de muitos anos, foi no dia em que uma amiga me trouxe aqui para rezar o terço, com a promessa de que o rapaz que o conduzia tinha dons místicos. – Ele abriu um sorriso.
– Há quanto tempo você reza o terço comigo?
– Deve ter uns nove meses. Comecei a frequentar seu grupo de oração no início do ano.
– Sua vida melhorou com isso?
– Você se refere a frequentar a igreja ou a rezar o terço?
– Você também passou a vir às missas de domingo?
– Desde a Páscoa, não perco mais nenhuma. Depois daquele dia que minha amiga me trouxe aqui, não faltei ao seu grupo de oração. Fui a todos os terços que você rezou na Igreja de Santa Mônica este ano.
– Então, acredito que o terço tenha mudado sua vida para melhor. Do contrário, teria desistido.
– Minha vida melhorou muito! Para que você tenha uma ideia, eu era alcoólatra. Meu casamento acabou por causa disso. Fiquei inteiramente só, já que meus pais faleceram e eu não tive filhos. Após frequentar o grupo de oração aqui com você por um mês e meio, não senti mais vontade de beber. Não tomei qualquer tipo de remédio nem fiz tratamento e, mesmo assim, meu vício sumiu. Nunca imaginei que isso fosse possível. Pedro, foram anos bebendo...
– Que bonito! Deus agiu na sua vida.
– Coloquei em prática o que você ensinou durante a oração: no quinto mistério de cada terço, devemos pedir a Deus, com fé, coisas importantes para nós. Confesso que, nas primeiras reuniões, quando ouvia você falar isso, desconfiava e pensava: que papo furado desse cara! Deus nem

sabe quem eu sou. Nunca vai me dar nada. Depois, resolvi testar. Me surpreendi e vi que funciona mesmo!
– Gostei da sua sinceridade! – Soltei uma risada curta.
– Uma noite, acho que foi a quarta ou quinta vez que estive no grupo de oração, você contou a parábola do filho pródigo. Aquilo me emocionou e mudei de ideia sobre minha relação com Deus. – O homem esfregou os olhos e fez silêncio.
– O que exatamente te tocou naquela noite?
– Na história contada por Jesus, me vi no jovem que pediu a sua parte da herança ao pai e saiu pelo mundo para curtir a vida. Fui irresponsável com minha vida como ele foi com a dele. No fim, apesar de tantos erros, Deus me acolheu e me presenteou, do mesmo jeito que o pai fez com o filho pródigo.

Para que você compreenda bem, aquele homem se referia à seguinte parábola do Evangelho de Lucas:

Um homem tinha dois filhos. O filho mais novo disse ao pai: "Pai, me dá a parte da herança que me cabe." E o pai dividiu os bens entre eles. Poucos dias depois, o filho mais novo juntou o que era seu e partiu para um lugar distante. E aí esbanjou tudo numa vida desenfreada. Quando tinha gastado tudo o que possuía, houve uma grande fome nessa região, e ele começou a passar necessidade." (Lc 15, 11-14)

Quando o jovem irresponsável se viu em grande miséria e solidão, perdido no mundo, resolveu voltar à casa do pai. Sua intenção era lhe pedir um emprego e ganhar permissão para ficar dormindo no alojamento dos funcionários. Para sua surpresa, o pai o viu chegando à propriedade e adotou a seguinte postura:

Quando ainda estava longe, o pai o avistou e teve compaixão. Saiu correndo, o abraçou e o cobriu de beijos. Então o filho disse: "Pai, pequei contra Deus e contra ti; já não mereço que me chamem teu filho." Mas o pai disse aos empregados: "Depressa, tragam a melhor túnica para vestir meu filho. E coloquem um anel no seu dedo e sandálias nos pés. Peguem o novilho gordo e o matem. Vamos fazer um banquete. Porque este meu filho estava morto e tornou a viver; estava perdido e foi encontrado." E começaram a festa. (Lc 15, 20-24)

Visivelmente emocionado, o homem com quem eu conversava naquela noite falou:
– Meu pai também era muito rico e financiou meus negócios. Infelizmente, afundei boa parte deles com meu vício, jogos e mulheres. Do mesmo jeito que o rapaz da parábola, me vi na lama nos últimos anos, profundamente deprimido e na solidão. Restaram muito poucos amigos. Mesmo sendo aconselhado por eles, não queria saber de religião nem de Deus. A diferença entre mim e o filho pródigo da parábola era que meu pai biológico já falecera havia algum tempo. Eu não tinha mais um pai que pudesse solucionar o caos em que eu me metera. Não tinha para onde retornar nem havia ninguém que, por compaixão, pudesse me acolher. Pelo menos era o que eu pensava. – Ele deu um sorriso entristecido.

– Ao ouvir a parábola, você entendeu que Deus é seu pai, Aquele que, com profunda compaixão, amor e alegria, te estava esperando todos esses anos de braços abertos?

– Sim, na mesma hora que você concluiu a parábola. Então, com meu coração palpitando forte e com o terço de contas de madeira na mão, resolvi que iria fazer uma experiência.

– Qual?

– Pensei: se Deus é o pai que está me acolhendo hoje, durante este terço, apesar de todos os meus erros e falhas de caráter, gostaria de ter mais uma chance para refazer minha vida. Quero reerguer a única empresa que me resta e ficar livre do álcool.

– Esses foram seus pedidos naquela noite?

– Sim. Foi o que eu pedi no início do quinto mistério.

– O Pai Celestial lhe concedeu as duas graças pedidas?

– Não. Ele me deu mais do que eu pedi, pois a depressão que eu sentia há muitos anos também saiu do meu coração.

– Nosso Pai do Céu é tão bondoso que acaba nos dando mais presentes do que pedimos – falei, abrindo um sorriso.

– Quando percebi que estava vivendo uma nova vida, que tinha ganhado uma nova chance, vim aqui no seu grupo de oração e disse a Deus quanto era grato. Aproveitei também para falar a Ele que gostaria de seguir verdadeiramente seus preceitos. Não quero errar mais. Sabe como é, já estou velho...

– Fez bem em agradecer a Deus. Nosso Pai detesta a ingratidão. De onde veio a questão de seguir seus preceitos? Quem lhe aconselhou isso?

– Curiosamente, no meio do terço da semana passada, você disse: "Deus se alegra quando caminhamos na estrada d'Ele, quando nos guiamos no mundo por seus princípios." Na hora, entendi que aquilo era para mim.
– Muito bem. Então, imagino que já saiba o que fazer. – Coloquei minha mão direita em seu ombro.
– Não sei. Por isso estou aqui. Preciso de uma orientação de ordem prática: o que você acha que devo fazer daqui para a frente? Como me guiar pelos princípios de Deus?

Antes que eu pudesse dar uma resposta, meu anjo da guarda apareceu atrás dele, dentro de uma intensa luz esverdeada e me disse, telepaticamente:

– Sem uma vida nos sacramentos, em algum momento do futuro próximo esse homem cairá novamente nas tentações que quase consumiram sua alma.

Tão logo me falou, desapareceu numa explosão verde. Sem titubear, falei para o homem:

– Você precisa dos sacramentos.
– Tudo bem, mas como faço para recebê-los?
– Procure o pároco da nossa igreja. Há uma catequese para adultos aqui. Você vai aprender sobre os preceitos de Deus. Vai começar pelo batismo e pela Eucaristia. Esses sacramentos abrirão as portas da sua vida para que o Espírito Santo te ilumine cada vez mais.

Eucaristia

A Eucaristia é o Corpo e o Sangue de Jesus. Sua importância é tamanha que o Catecismo da Igreja Católica esclarece que ela é "fonte e ápice de toda a vida cristã" (§ 1324). Segundo o mesmo texto, "os demais sacramentos, assim como todos os ministérios eclesiásticos e tarefas apostólicas, se ligam à sagrada Eucaristia e a ela se ordenam. Pois a santíssima Eucaristia contém todo o bem espiritual da Igreja". Por tudo isso, pais católicos devem fazer todo o esforço para colocar seus filhos na catequese, para que eles façam a primeira comunhão e possam receber Cristo Jesus durante toda a sua vida.

O próprio Mestre instituiu a Eucaristia durante a Última Ceia, conforme lemos na Bíblia:

> Enquanto comiam, Jesus tomou um pão e, tendo pronunciado a bênção, o partiu, distribuiu aos discípulos e disse: "Tomem e comam, isto é o meu corpo." Em seguida, tomou um cálice, agradeceu e deu a eles, dizendo: "Bebam dele todos, pois isto é o meu sangue, o sangue da aliança, que é derramado em favor de muitos, para remissão dos pecados." (Mateus 26, 26-28)

Minha relação com a Eucaristia é muito especial e posso dizer que se iniciou anos antes de minha primeira comunhão. Quando tinha 7 anos, eu estava deitado na minha cama à noite, com os olhos fechados, tentando dormir em vão. Então, vi o teto do meu quarto se abrir e o céu surgiu bem nítido. Era noite de lua crescente. Para minha surpresa, não sentia mais meu corpo em contato com o colchão e parecia me aproximar cada vez mais das estrelas, flutuando gentilmente. As luzes da cidade do Rio de Janeiro foram ficando para trás.

Quando estava mais perto da lua, avistei um homem crucificado pairando no espaço. Ele estava nu e bastante ferido. Como estava à distância, não podia ver seu rosto com clareza. Aquela cena forte me chocou. Queria ir até ele e ajudá-lo, mas não conseguia. Tentei chamar meus pais, mas minha voz não saía. Em desespero, acabei retornando ao quarto. Abri os olhos e passei o resto da noite em claro por conta da experiência mística.

Na semana seguinte, frei Heliodoro, o sacerdote agostiniano espanhol que catequizou a mim e aos meus amigos do colégio, começou a falar sobre a Paixão de Cristo. Na hora entendi: o homem pregado na cruz no espaço sideral era Jesus! As imagens que o retratavam, espalhadas pelas igrejas e residências, não captavam nem de perto o tanto que ele estava machucado.

Ao fim daquele mês, durante as aulas de religião no colégio, eu já sabia que Jesus havia sido crucificado para a salvação da humanidade, para abrir as portas do Céu a nós. Como o vira na cruz daquela forma, fiquei impressionado com sua coragem e obediência ao Pai. Frei Heliodoro fazia questão de frisar que, dentro de alguns anos, iríamos receber o Corpo e o Sangue de Jesus em uma hóstia, durante nossa primeira comunhão. Teríamos a honra e a graça de receber Jesus vivo em nós! Durante anos ansiei por aquele momento.

Quando chegou o grande dia, eu tinha 10 anos. Fui nervoso com meus amigos em fila para receber a comunhão das mãos de frei Heliodoro. Retornei para o banco da igreja para fazer minhas orações. Ao fechar os olhos, a mesma visão de Jesus crucificado no espaço sideral surgiu diante de mim. Tomei um susto. Sem identificar com precisão suas feições, vi que o Senhor levantou a cabeça e olhou na minha direção. Naquele momento, as feridas desapareceram de seu corpo e suas mãos se desprenderam da cruz.

Abri os olhos imediatamente e me deparei com o enorme crucifixo do altar da Igreja de Santa Mônica, no Leblon (o mesmo que está lá até hoje). Naquele momento, veio nítido à minha mente: "Jesus está vivo e está em você." Aquela voz não era do meu anjo da guarda, mas do Espírito Santo. Compreendi que o momento da comunhão é realmente único e sagrado.

Certo dia, por volta dos 19 anos, fui a uma reunião de oração na casa de Zitinha, a senhora de dons místicos de quem falo em *Você pode falar com Deus* e *Todo mundo tem um anjo da guarda* (mas nos outros livros só a chamei de Z.). Tive a honra de tê-la como minha grande mentora espiritual por anos. Nessa ocasião, ela me pedira para levar o violão, pois queria fazer um louvor preliminar. Depois da terceira música, ela me olhou e sorriu.

– Meu filho, qual a primeira coisa que você faz quando recebe Jesus na missa?

– Procuro esvaziar minha mente e, logo depois, fazer meus pedidos a ele.

– Nossa Senhora me pediu que lhe dissesse que onde o

filho dela está, ela também está. Assim, nossa Mãe solicita que, antes de fazer seus pedidos ao filho dela, você a saúde com uma Ave-Maria.

– Zitinha, você reza a Ave-Maria todas as vezes que recebe a comunhão?

– Sim, desde que era muito jovem e Nossa Senhora me pediu a mesma coisa.

– Depois, o que você costuma fazer?

– Peço que Nossa Senhora interceda junto ao filho dela pelas minhas necessidades e começo a enumerá-las para Jesus, que está no meu coração.

– A partir de hoje, vou fazer a mesma coisa.

Na missa, durante a transubstanciação (quando, pela oração do padre, o pão e o vinho se tornam Corpo e Sangue do Senhor), o anjo ministerial do sacerdote celebrante se une a outros tantos que descem do Céu para honrar a presença de Jesus no altar. É um momento de grande beleza, e quem tem olhos de ver percebe que a forte luz que ali surge é irradiada para todos os cantos da igreja. Nesse instante, gosto de apresentar minhas intenções pessoais e colocá-las em cima do altar, para aproveitar a presença de Jesus e seus anjos no local e ganhar as graças de que necessito.

Durante a comunhão, também vejo algumas pessoas na fila acompanhadas por seus anjos da guarda. Certa vez, pedi explicações ao meu anjo da guarda sobre esse fenômeno:

– Por que algumas pessoas não têm a companhia do anjo da guarda? – Eu indiquei a fila com a cabeça.

– Para que a pessoa esteja acompanhada de seu anjo da

guarda no momento da comunhão, deve se preparar adequadamente para receber o Corpo e o Sangue de Jesus. Os que não estão com sua confissão em dia não têm essa prerrogativa. O anjo protetor não pode pactuar com tal ofensa a Cristo. Além disso, alguns fiéis se confessam regularmente, mas não creem que nós, seres angélicos, existimos. Respeitamos a crença deles e nos afastamos.

Crisma ou confirmação

A iniciação cristã se cumpre por três sacramentos: batismo, Eucaristia e crisma ou confirmação. Todo batizado que fez a primeira comunhão pode e deve receber o sacramento da confirmação. Através dele, o fiel recebe a consumação da graça batismal e, especialmente, a força do Espírito Santo.

Por intermédio desse sacramento, o fiel é vinculado de forma mais perfeita à Igreja e convidado a defender e a difundir a fé, com palavras e atos, conforme nos ensina o Catecismo da Igreja Católica (§ 1285-1288). Quem o celebra ordinariamente é o bispo local, com a imposição das mãos e a unção com óleo perfumado, além das palavras sacramentais.

Quando éramos crianças, nossos pais e padrinhos nos apresentaram à fé pelo batismo. Agora, com a capacidade de discernir por nós mesmos, somos chamados a confirmar aquela escolha, firmando nosso compromisso na fé, por isso o nome "confirmação". No Brasil, cada diocese indica qual a idade mínima para a pessoa se crismar, variando entre 12 e 16 anos.

A Igreja Católica extrai o sacramento da crisma de algumas passagens bíblicas, por exemplo:

Os apóstolos, que estavam em Jerusalém, souberam que a Samaria acolhera a Palavra de Deus, e enviaram para lá Pedro e João. Ao chegarem, Pedro e João rezaram pelos samaritanos, a fim de que eles recebessem o Espírito Santo. De fato, o Espírito ainda não viera sobre nenhum deles; e os samaritanos tinham apenas recebido o batismo em nome do Senhor Jesus. Então Pedro e João impuseram as mãos sobre os samaritanos, e eles receberam o Espírito Santo. (Atos 8, 14-17)

Paulo perguntou: "Que batismo vocês receberam?" Eles responderam: "O batismo de João." Então Paulo explicou: "João batizava como sinal de arrependimento e pedia que o povo acreditasse naquele que devia vir depois dele, isto é, Jesus." Ao ouvir isso, eles se fizeram batizar em nome do Senhor Jesus. Logo que Paulo lhes impôs as mãos, o Espírito Santo desceu sobre eles, e começaram a falar em línguas e a profetizar. (Atos 19, 3-6)

Fiz minha confirmação quando era adolescente, com 16 anos. Na época, apesar de estudar a vida toda em colégio católico, precisei fazer um ano de curso específico. Em alguns momentos, as aulas me pareceram maçantes e pensei em desistir. Resolvi, então, perguntar ao meu anjo da guarda:
– Preciso mesmo receber esse sacramento? Que benefício extraordinário posso ter com ele?

O ser angélico estava ao lado de minha mesa de estudo, onde eu lia um livro, quando falou:

– No momento em que você for crismado, vai perceber maior clareza nos seus dons, especialmente a visão e a audição espirituais. Haverá um benefício grande para você e para aqueles que, ao longo da vida, vão precisar dos seus dons.

– Por que isso vai acontecer? Você vai tomar alguma providência durante a cerimônia religiosa?

– Não agirei nem interferirei em nenhum momento. Apenas estarei presente ao seu lado. Tudo se dará pela ação e força do Espírito Santo. Será como um Pentecostes para você.

– Isso vai acontecer porque tenho algo especial ou é assim com todos os crismandos?

– Todo aquele que se prepara adequadamente e se submete, com fé, ao sacramento da confirmação recebe seu Pentecostes particular.

Alguns leitores podem estar se perguntando o que é Pentecostes. Originariamente, este é o nome da festa do povo judeu em memória do dia em que Moisés recebeu de Deus as Tábuas da Lei, no Monte Sinai (conforme relatado em Êxodo 34, 1-28). Para os católicos, trata-se do dia em que houve a descida do Espírito Santo sobre os apóstolos e a Virgem Maria reunidos em um cenáculo, cinquenta dias após a Páscoa do Senhor. Segundo os Atos dos Apóstolos:

Quando chegou o dia de Pentecostes, todos eles estavam reunidos no mesmo lugar. De repente, veio do céu um barulho como o sopro de um forte vendaval, e encheu a casa onde eles se encontravam. Apareceram então umas como línguas de fogo, que se espalharam e foram pousar sobre cada um deles. Todos ficaram repletos do Espírito Santo e começaram a falar em outras línguas, conforme o Espírito lhes concedia que falassem. (At 2, 1-4)

Conclusão: o argumento do meu anjo da guarda para me convencer a perseverar foi a efusão do Espírito Santo sobre todo aquele que recebe o sacramento. Encontramos ensinamentos da Igreja Católica nesse mesmo sentido: "Esta plenitude do Espírito não devia ser apenas a do Messias; devia ser comunicada a todo o povo messiânico. Por várias vezes Cristo prometeu esta efusão do Espírito, promessa que realizou primeiramente no dia da Páscoa e em seguida, de maneira mais marcante, no dia de Pentecostes" (Catecismo, § 1287).

Além do batismo no Espírito Santo, outro ponto importante é que, com a confirmação, realizamos o compromisso de ser um membro atuante na Igreja Católica. Quando eu estava no Santuário de Lourdes, em 2021, com um grupo de peregrinos, uma mulher me perguntou:

– Pedro, você acabou de falar que precisamos declarar nosso compromisso com Jesus e a Virgem Maria com palavras e atos. No mesmo instante, pensei que nunca me crismei.

– Você fez a primeira comunhão mas não fez crisma, ou nenhum dos dois?

– Fiz a minha primeira comunhão quando era menina.

Desde então, me confesso com regularidade e comungo sempre aos domingos.

Como ela era uma pessoa que frequentava a Igreja e seus sacramentos, achei estranho não ter recebido a confirmação.

– Algum motivo especial para você não ter se crismado?

– Quando eu tinha 15 anos, frequentava o grupo jovem da minha paróquia. Todos iríamos nos crismar juntos. Mas meus pais se separaram e acabei tendo que mudar de cidade com minha mãe. Resultado: não me crismei e, nos anos que se seguiram, não cogitei mais fazê-lo.

– Você chegou a ficar afastada da Igreja? Com a questão da separação, chegou a dar um tempo nas missas e orações?

– Não. Eu me apoiava em Deus o tempo todo. O problema é que a área da cidade para onde me mudei não tinha um grupo jovem e fiquei muito desmotivada. Mas não deixei de ir à missa em nenhum momento.

Naquele instante, Santa Rita, que havia nos acompanhado durante a Via-Sacra no bosque de Lourdes, apareceu ao lado dela e me disse:

– Ela precisa receber o sacramento da confirmação. Deus espera que ela firme o compromisso de servir sua comunidade e os irmãos de fé. Quando ela for ungida com o óleo, haverá uma grande libertação, pela efusão do Espírito Santo, inclusive com relação à sua vida afetiva.

Olhei para a mulher e perguntei:

– Você está com um grande nó na sua vida afetiva, não é?

– Meu Deus! Como você sabe? – indagou ela, com os olhos marejados.

– Santa Rita acabou de me dizer que, se você se crismar,

haverá grande libertação na sua vida afetiva. Se eu fosse você, firmava logo esse compromisso com Deus e buscava servir em alguma pastoral na sua paróquia.

– Fico muito feliz com a mensagem, Pedro. Sou devota de Santa Rita há muitos anos. Sim, preciso muito de libertação na minha vida afetiva, porque parece que não me acerto com ninguém e já tenho mais de 40 anos. Vou fazer o que ela me pede.

Penitência ou confissão

Pelo sacramento da penitência ou confissão, recebemos o perdão das ofensas feitas a Deus. Por isso, ele também é denominado sacramento da reconciliação. Seu objetivo é a conversão do coração do fiel, a partir da ruptura com o pecado. Com ele, demonstramos o desejo e a resolução de mudar de vida (Catecismo, § 1431).

Durante a peregrinação que fiz com um grupo à Itália, em dezembro de 2022, tive um testemunho interessante. Estávamos em San Giovanni Rotondo e o hotel possuía mais de um salão para o café da manhã. Quando desci, perguntei a um funcionário onde era *la prima colazione*. Sem perceber que eu pertencia ao grupo de brasileiros e portugueses, ele me encaminhou a um salão vazio.

Assim que entrei, veio falar comigo um senhor mineiro, do mesmo grupo de peregrinos.

– Pedro, já tomou o café?

– Ainda não. Parece que é naquele salão ali. Vamos lá?

– Claro.

Aproveitando que o local estava vazio, ele me contou sobre sua vida e me disse algo muito interessante:

– Minha cidade é pequena e eu não queria contar meus pecados ao padre local. Assim, já fazia uns vinte anos que não me confessava.

– Na última missa em que estivemos, percebi que você participou da comunhão.

– Sim. Vou contar o que aconteceu. Antes de virmos para cá, minha filha insistiu muito comigo. Disse que eu precisava me confessar e que você tinha dito em algum vídeo que era fundamental que os peregrinos se preparassem bem para nossa peregrinação, porque ela seria como um retiro espiritual.

– Isso mesmo. A informação dela está perfeita. Eu pedi mesmo que as pessoas que viessem comigo aos santuários estivessem reconciliadas com Deus, em condições de comungar.

– Resolvi ir à igreja me confessar. Não foi fácil. Mas aconteceu uma coisa interessante no fim da confissão, quando o padre fez a oração sobre mim.

– A oração final, com a absolvição dos pecados.

– Sim. Naquele momento, não sei o que houve, mas senti um peso estranho sair de cima dos meus ombros. Como se algo ruim saísse mesmo de mim!

– Então sua confissão foi bem-feita. Você estava mesmo arrependido das faltas, conseguiu expor seus pecados ao padre e queria uma vida nova – expliquei.

– Como foram quase vinte anos, fico na dúvida se consegui contar todos os pecados ou se esqueci algum. Isso não invalida a confissão?

– De jeito nenhum. Vale a sua intenção em confessá-los. Agora, se porventura você se lembrar de algum pecado que não confessou, retorne ao confessionário e os exponha ao sacerdote.

– Entendi. Que bom! Você sabe por que eu senti aquele peso saindo de mim?

– Sim. Costumo falar aos alunos do Clube de Membros do meu canal do YouTube que a confissão é uma poderosa oração de libertação e nos coloca em estado de graça para receber a comunhão. Isso que você sentiu foi o poder de Deus o libertando do mal.

O homem sorriu, feliz.

O sacramento da confissão funciona como uma grande limpeza espiritual. O que acontece se você passar alguns dias sem se lavar, sem tomar banho? Rapidamente, as pessoas com quem você convive vão notar que há algo de errado. Sua aparência e, obviamente, seu mau cheiro são os primeiros sinais de que você precisa cuidar de si.

O mesmo se dá com a alma. Sem frequentar o confessionário, você começa a acumular impurezas espirituais. Os pecados vão se amontoando e toda essa bagagem de forças negativas se torna um peso e dá um nó nas mais diversas áreas da sua vida, distanciando você do caminho de Jesus e de sua amizade. Os espíritos malignos percebem que há várias rachaduras em sua defesa espiritual, pois essa "sujeira" vai carcomendo as estruturas e alicerces que sustentam sua saúde espiritual. Então, você sente que as coisas não progridem e não encontra explicações humanas para as derrotas que começam a se suceder.

Há alguns anos, quando terminei de rezar um terço na Igreja da Imaculada Conceição, na Gávea, Rio de Janeiro, um senhor veio me falar:

– Pedro, eu faço tudo certo. Frequento a igreja com minha mulher e rezo o terço com você aqui. Contratei bons funcionários para minha empresa, mas, ainda assim, parece que há uma maldição sobre meus negócios!

– Veio à minha mente que você não recebe a Eucaristia.

– Olha, eu comungava, mas minha mulher brigou comigo por causa disso.

– Não entendi. Qual a razão da briga? Receber a comunhão é muito bom.

– Foi o que eu disse a ela, mas ela insistiu que eu não recebesse mais.

– Não faz sentido. Algo o impede de receber a comunhão? Vocês são batizados, fizeram primeira comunhão, são casados na Igreja Católica e se confessam?

– Sim.

– Então, obviamente, podem comungar.

– Pois é, mas minha mulher insiste que a minha confissão não é válida.

– De acordo com as normas da Igreja, quem decide se pode ou não lhe dar absolvição na confissão é o sacerdote – declarei.

– Então você pensa como ela...

– Você não se confessa com um padre?

– Claro que não! Por que eu deveria? Um sujeito que

muitas vezes é mais pecador do que eu. Na hora do ato de contrição, na missa, eu entrego meus pecados a Deus e obtenho a absolvição.

– Infelizmente, você está equivocado. Não é assim que funciona. Sua esposa tem toda a razão: enquanto você não se confessar adequadamente com um sacerdote, não pode comungar. Ao receber o Corpo e o Sangue do Senhor sem a preparação correta, você estará condenando sua alma ao invés de salvá-la.

– Não faz sentido me confessar com um homem como eu, de carne e osso! Onde está escrito isso?

– Foi o próprio Jesus quem determinou que o sacerdote tem o poder de perdoar nossos pecados em nome d'Ele.

– Não pode ser...

Como eu estava com a Bíblia na mão, pois faço questão de ler trechos da Palavra de Deus em todos os terços que recito com o povo, a abri no Evangelho de João.

– Vou ler um trecho que se passa após a ressurreição de Cristo:

Jesus disse de novo para eles: "A paz esteja com vocês. Assim como o Pai me enviou, eu também envio vocês." Tendo falado isso, Jesus soprou sobre eles, dizendo: "Recebam o Espírito Santo. Os pecados daqueles que vocês perdoarem serão perdoados. Os pecados daqueles que vocês não perdoarem não serão perdoados." (Jo 20, 21-23)

– Quer dizer que Jesus deu aos apóstolos esse poder de perdoar os pecados?

– Exatamente. E os apóstolos o transmitiram a seus sucessores, os sacerdotes. Note, inclusive, que Cristo não lhes deu esse poder em função de serem santos. Ele sabia que aqueles homens eram pecadores. Ele o deu em favor das almas, resgatadas pelo Sangue d'Ele na cruz, ou seja, por cada um de nós.

– Poxa, não imaginava. Mas isso é bem complicado para mim.

– Saiba que Deus fica muito feliz com a humildade que a gente demonstra ao ir ao confessionário. Além disso, se sua vida financeira não avança, mesmo que você faça tudo certo, a confissão traz enorme libertação. Pode ser a solução. Que tal tentar?

– Tudo bem. Você me convenceu, Pedro. Amanhã mesmo vou procurar um padre e me confessar.

Unção dos enfermos

A unção dos enfermos é o sacramento pelo qual a Igreja entrega os doentes aos cuidados do Senhor, para que eles encontrem cura, alívio e salvação. Há uma crença errônea de que ele só é ministrado àqueles que estão prestes a morrer. Na verdade, como ensina o Catecismo da Igreja Católica, a unção dos enfermos "não é um sacramento só daqueles que se encontram às portas da morte" (§ 1514). Basta que o fiel contraia uma doença que possa representar um perigo de morte caso se desenvolva.

Nesse sacramento, o sacerdote unge o doente, na fronte

e nas mãos, com um óleo bento e pronuncia as seguintes palavras: "Por esta santa unção e pela sua infinita misericórdia, o Senhor venha em teu auxílio com a graça do Espírito Santo, para que, liberto dos teus pecados, Ele te salve e, na sua misericórdia, alivie os teus sofrimentos."

Quando meu diretor espiritual, frei Juan Antonio, era prior da casa agostiniana do Leblon, há mais de vinte anos, me pediu que fôssemos até o apartamento de um amigo dele para fazermos uma oração após a unção dos enfermos. O homem tinha um câncer bastante avançado e a situação não era nada boa.

Ao final da oração, meu anjo da guarda me apareceu e disse:

– Pedro, em pouco tempo este doente estará livre das dores.

– Quer dizer que a unção dos enfermos o curou?

– Não haverá cura humana. Por sempre ter seguido os preceitos de Jesus e estar reconciliado com Ele, renascerá para uma nova vida. Será levado, em breve, para a morada espiritual.

– Pensei que o sacramento era de cura. Quer dizer que a unção dos enfermos não tem esse poder? Para que serve, então?

Fiquei decepcionado com a notícia, já que eu e o frei Juan Antonio tínhamos nos esforçado muito e confiávamos em um milagre.

– Acima de tudo, o sacramento foi fundamental para a limpeza das faltas do doente. Ele está preparado para a nova vida. Isso vale muito mais do que a cura do corpo físico.

– Tudo bem, mas você não me respondeu: o sacramento pode ou não curar o corpo físico do doente?

– Sim, com a permissão do Pai, a unção dos enfermos pode trazer a cura para o corpo, para as emoções e para a mente do ser humano – concluiu ele e se foi.

Nosso objetivo supremo na batalha espiritual (como de resto, em qualquer batalha) que vivenciamos neste mundo é a vitória. Isso significa que, após deixarmos nosso corpo físico, queremos entrar no Paraíso e viver para sempre com Jesus, os anjos, os santos e a Virgem Maria. Um fracasso ao fim de nossa caminhada na Terra pode determinar o banimento eterno e o envio de nossa alma para lugares sombrios. A unção dos enfermos é um grande remédio contra isso, pois nos reconcilia com Deus, abrindo as portas da salvação.

Esse sacramento também tem sua origem no Novo Testamento. Inicialmente, ele está insinuado no Evangelho de Marcos:

> Então os discípulos partiram e pregaram para que as pessoas se convertessem. Expulsavam muitos demônios e curavam muitos doentes, ungindo-os com óleo. (Mc 6, 12-13)

A recomendação e promulgação desse sacramento se deu, no entanto, com o apóstolo Tiago, que escreveu em sua carta:

> Alguém de vocês está doente? Mande chamar os presbíteros da Igreja para que rezem por ele, ungindo-o com óleo, em nome

do Senhor. A oração feita com fé salvará o doente: o Senhor o levantará e, se ele tiver pecados, será perdoado. (Tg 5, 14-15)

Não podemos ignorar essa arma poderosa, não somente de cura, mas de salvação de nossa alma, deixada para nós por Nosso Senhor. A todo instante, os espíritos malignos tentam fazer com que as pessoas ignorem esse sacramento. A razão é simples: por vezes, a unção dos enfermos é o último recurso de resgate que resta à alma.

Matrimônio e ordem

Por fim, há dois sacramentos classificados pela Igreja Católica como sendo de serviço: a ordem e o matrimônio. A ordem tem três graus: o homem se torna diácono, padre e depois bispo. Por meio do matrimônio, homem e mulher se unem para criar a família cristã. As mulheres não podem receber o sacramento da ordem, pois, segundo a Igreja Católica, Jesus só convocou homens para fazer parte do grupo dos doze apóstolos.

Curiosamente, quando recebemos esses sacramentos, nos metemos em uma grande guerra espiritual. A razão é simples: o inimigo de Deus, Satanás, tem como principal objetivo destruir a Igreja de Cristo e o núcleo familiar. Sabemos que ele busca acabar com a obra do Pai Celestial em nosso planeta, e as duas instituições, família e Igreja, são fundamentais no plano divino.

O matrimônio é tão importante que, quando o casal se

une diante de Deus na igreja, recebe um anjo da guarda da família. Esse ser tem a função de auxiliar na harmonia, paz e prosperidade do lar. Se marido e mulher ganham intimidade com esse anjo, encontram nele um fiel guerreiro no combate espiritual.

Infelizmente, muitas pessoas não sabem da existência dessa categoria de criatura angélica e não rezam em sua companhia nem o invocam em momentos difíceis. O ideal é que marido e mulher rezem ao menos uma vez ao dia juntos invocando a presença do anjo da guarda da família, além de seus respectivos anjos da guarda, pedindo a eles que intercedam pelas intenções do núcleo familiar.

Para a defesa espiritual da família, bem como de seus projetos, é fundamental que todos os seus membros compareçam à missa de domingo, de preferência juntos. Durante a comunhão, cônjuges devem invocar a presença de seu próprio anjo da guarda, bem como do anjo da família, para que os seres angélicos intercedam por suas intenções enquanto fazem suas orações a Jesus.

Certa vez, durante uma tarde de autógrafos em Ribeirão Preto, um casal veio falar comigo.

– Pedro, estamos casados há 25 anos, mas nunca sentimos a presença de nosso anjo da guarda da família. Muitas vezes, nesses anos, passamos por dificuldades financeiras e de saúde, mas nada do tal anjo aparecer. Será que ele existe mesmo? – questionou a mulher.

– Sim. Tenho certeza absoluta de que ele existe e que todos aqueles que recebem o sacramento do matrimônio ganham essa proteção do Céu.

– Como assim? – perguntou o homem. – O anjo não surge para qualquer pessoa que se casa? Fizemos até uma pequena celebração no quintal da casa dos meus pais e assinamos lá os papéis.

– Essa celebração foi feita por um sacerdote ou diácono da Igreja Católica? Era para receber o sacramento do matrimônio?

– Não. Foi feita pelo juiz de paz da minha cidade mesmo. Não é válida?

– Como casamento civil, é válida. Agora, diante de Deus, a história é outra. Não houve qualquer sacramento aí. Sem dúvida não receberam o anjo da guarda da família.

– Mas, depois que lemos seu livro *Todo mundo tem um anjo da guarda*, queremos ter a bênção de sermos protegidos também por um anjo da família. Aliás, precisamos dele, porque a crise lá em casa está forte – interveio a mulher.

– Vocês são católicos?

– Sim – respondeu o casal.

– São batizados?

– Sim.

– Então devem procurar o pároco da Igreja que vocês frequentam ou do bairro onde moram e dizer que querem fazer o casamento religioso, pois no civil já estão casados há 25 anos. Na cerimônia, Deus vai enviar o anjo para cuidar da família de vocês.

Quando se torna sacerdote pelo sacramento da ordem, o homem tem a honra de representar o próprio Cristo na Terra e celebrar a missa (o mais sublime sacrifício de louvor a Deus), e sua família ganha um grande benefício. Quando meu primo Alexandre soube a data de sua ordenação, resolvemos agradecer ao Pai Eterno e rezar juntos o terço. Foi então que São João Maria Vianney apareceu e lhe mandou uma mensagem:

– Saiba que, com sua ordenação, as almas de seus antepassados, que estão no purgatório, serão muito beneficiadas. Assim que os colocar no altar em sua missa, elas vão progredir e ganhar a graça de habitar mais próximo do Altíssimo.

Veja que o sacramento da ordem não muda a vida apenas daquele que o recebe, mas de toda a sua família. E não falo só dos que estão vivos: todos que aguardam orações no purgatório também são agraciados. A libertação se faz para todos aqueles que têm ligação afetiva ou de sangue com o sacerdote. Resumindo: é uma grande bênção de Deus para todos.

O homem que recebeu o sacramento do matrimônio também pode receber o da ordem. Com a autorização da esposa, pode se tornar um diácono permanente, que exerce as mesmas funções de um diácono transitório: "Cabe aos diáconos, entre outros serviços, assistir o bispo e os padres na celebração dos divinos mistérios, sobretudo a Eucaristia, distribuir a Comunhão, assistir o matrimônio e abençoá--lo, proclamar o Evangelho e pregar, presidir os funerais e consagrar-se aos diversos serviços da caridade" (Catecismo, § 1570).

O homem que recebeu o sacramento do matrimônio também pode se tornar sacerdote caso fique viúvo.

Sacramentais

No apartamento do Leblon, na Zona Sul do Rio de Janeiro, onde coordenava diariamente um grupo de oração, Zitinha mantinha um ornamento de acrílico com água benta logo na entrada. Um dia, como estava atrasado, passei direto com o violão na mão, sem molhar os dedos e fazer o sinal da cruz.

– Meu filho, retorne à entrada. Você esqueceu algo muito importante. – Ela fez um gesto delicado com a mão direita em direção à porta.

– O que houve, Zitinha? – Chequei o violão, o livro de cantos católicos e o terço. – Está tudo aqui comigo. Podemos começar.

– Quando você chega em casa vindo da rua, lava as mãos e o rosto, não é?

– Claro. Acho que todo mundo faz isso.

– Pois a água benta lava aquilo que a água comum não consegue e ainda te protege. Pode ter certeza de que hoje, com a quantidade de pessoas que se reunirão aqui, você vai precisar dessa proteção.

Imediatamente, voltei à entrada, molhei os dedos e fiz o sinal da cruz. Zitinha abriu um sorriso. Eu me sentei no chão, próximo de sua poltrona. Observando mais de perto meu pescoço, ela falou:

– Onde está seu crucifixo e a Medalha Milagrosa? – Ela se referia aos objetos que eu sempre carregava no pescoço quando ia à sua casa rezar e interceder pelas pessoas que ali estavam.

Toquei meu pescoço e percebi que meu cordão não estava lá.

– Esqueci em casa!

Envergonhado, coloquei as mãos no rosto. Ela já tinha me alertado antes: *Toda vez que formos fazer orações de intercessão com pessoas espiritualmente "pesadas", não se esqueça dos sacramentais.*

– Meu filho, agora não vai dar tempo de ir à sua casa, pegar seu cordão e voltar aqui. As pessoas já começaram a chegar e daqui a pouco vamos iniciar com uma música de louvor.

– Desculpa, Zitinha. Não esquecerei mais os objetos sagrados.

– Lembre-se que, quando usamos o crucifixo e a Medalha Milagrosa com fé, nosso inimigo, o demônio, percebe que temos um escudo poderoso e que pertencemos a Deus. Ele sabe que não será fácil nos atacar. Então, prefere ir para cima daqueles que estão mais desprotegidos, porque é covarde.

Assim que todos chegavam para o grupo de oração, Zitinha pedia que eu cantasse um louvor, então passava pelas pessoas, uma a uma, jogando água benta com um borrifador. Também aspergia todas as paredes da sala.

Após esse processo, de fato o ambiente ficava mais leve. Com minha visão espiritual, eu captava cores mais vívidas. Por isso, certa vez lhe perguntei:

– Zitinha, por que eu sinto uma elevação espiritual instantânea quando você usa a água benta?

– Porque aquela água carrega a bênção sacerdotal. É ideal

para a limpeza das pessoas e do ambiente. Produz seu efeito de forma imediata. Já reparou que uma pessoa possuída pelo demônio odeia ser aspergida com água benta?

– Sim, parece que a água benta queima o demônio que está na pessoa e ela urra, esperneia e quer fugir!

– Veja o poder que a água benta tem no plano espiritual.

Outra pessoa que me ensinou sobre a força desse sacramental foi meu diretor espiritual, frei Juan Antonio, que exerceu por muitos anos a função de exorcista oficial da diocese de Belém (PA). Lá, ele teve uma experiência que traduz muito bem a eficácia da água benta no combate espiritual.

Num fim de tarde, o frade recebeu a visita de um casal em sua paróquia. Eles haviam agendado com o sacerdote uma oração de libertação. O marido alegava que, havia algum tempo, a esposa vinha desenvolvendo um comportamento agressivo e estranho, completamente fora do padrão. Além disso, após provocar determinados eventos desagradáveis, ela não se lembrava de nada do que tinha feito. Também não gostava mais de ficar em locais com imagens de Nossa Senhora, algo que sempre aceitara bem. Segundo o homem, aquilo parecia obra do diabo.

Frei Juan Antonio resolveu rezar o Pai-Nosso e a Ave-Maria com o casal. A mulher parecia desconfortável, mas não deu sinais claros de uma possessão demoníaca. Então, o frade decidiu tomar uma providência para esclarecer a situação. Perguntou ao casal se queriam água. Eles aceitaram. Ele se dirigiu à cozinha, colocou água nos copos e, fazendo a oração apropriada, abençoou-a.

Ao colocar os copos em cima da mesa, ele notou a expressão raivosa da mulher. O homem bebeu sua água normalmente, sem saber que estava benta, e estranhou o comportamento da esposa, ainda mais que estava muito quente (um dia típico em Belém).

Quando ele pegou o copo dela para oferecê-lo com mais ênfase, a mulher começou a gritar. Seu rosto se transformou, sua voz engrossou, parecendo a de um barítono, sua mandíbula se deslocou a ponto de fazê-la ter a aparência de um lobo. Ela deu um safanão no marido e começou a rosnar. O frei explicou ao homem que ali havia água benta, odiada pelo inimigo, por isso ele estava se manifestando. A mulher se levantou e tentou morder o padre, que então fez o rito de exorcismo.

Em alguma missa, você já deve ter se deparado com o momento do rito final em que o sacerdote dá a bênção dos objetos religiosos, da água e do sal. Sim, o sal (grosso ou de cozinha) pode ser bento pelo padre e se torna uma arma no combate espiritual.

Certa vez, estive em uma palestra sobre o combate espiritual ministrada por dom Cipriano Chagas, no Rio de Janeiro. O monge beneditino explicou que, se uma pessoa ou uma família está em grande conflito contra forças do mal, humanas ou espirituais, deve adotar a prática de cozinhar seus alimentos com sal bento. Dessa forma, é feita uma limpeza espiritual, dificultando a ação do maligno.

As velas votivas também devem ser abençoadas por algum sacerdote para funcionar como um sacramental. Não precisam ser velas de sete dias, podem ser de qualquer tamanho. Podem ser acesas aos pés de imagens de santos, de Jesus ou da Virgem Maria, dependendo da devoção do fiel. Não é recomendável deixar velas bentas acesas pela casa enquanto os moradores estão fora, pois há risco de graves acidentes. Certa vez, por causa de uma vela acesa no banheiro, o apartamento de uma vizinha minha pegou fogo.

Um dia, questionei meu anjo da guarda:

– As pessoas ficam me perguntando se devem acender velas aos anjos. Isso tem algum efeito no mundo espiritual? Vocês, anjos, gostam das velas?

– A vela simboliza a chama da fé, a vida e a luz de Deus. Por isso, nós gostamos quando o protegido acende uma em honra de seu anjo da guarda. Ela dá apoio e brilho à oração feita na presença do anjo.

– Então, quanto mais tempo a vela ficar acesa na minha casa, mais você apreciará?

– Não. O que me agrada é o momento em que você está diante da vela e dirige a oração a mim.

– Se é assim, basta eu acender a vela na hora em que for rezar e depois apagá-la.

– Sim – respondeu meu anjo.

Outro instrumento de defesa espiritual importante são as procissões, consideradas uma forma de manifestação pública da fé, pois através delas as pessoas podem demonstrar a Deus sua devoção, unindo-se em oração. Elas têm uma dimensão comunitária. Quando o fiel participa de uma procissão, dá um recado claro ao inimigo espiritual, pois, caminhando com as velas, imagens e músicas para Deus, reafirma que pertence a Jesus e a sua Mãe Santíssima. Isso afasta o maligno.

Nas procissões, as pessoas obtêm graças. São inúmeros os testemunhos dos que tiveram sua oração atendida. Eu mesmo tenho uma história interessante. Mais de dez anos atrás, estive no Santuário de Fátima, em Portugal, com minha esposa. Nossa intenção era participar da missa na capelinha das aparições, rezar o terço lá, fazer a Via-Sacra no Bosque de Valinhos e, por fim, integrar a procissão em honra de Nossa Senhora.

Um senhor que trabalhava no santuário veio até mim e disse:

– Boa tarde. Gostaria de participar da procissão carregando o andor da Virgem Maria?

– Boa tarde. Infelizmente não tenho interesse, mas agradeço o convite.

Recusei porque não queria ficar em posição de destaque naquele momento. Pretendia apenas rezar e entregar minhas intenções a nossa mãe.

Diante do olhar incrédulo de minha esposa, o senhor me respondeu, triste:

– Tudo bem. Uma pena...

Minha mulher me deu uma leve bronca por eu ter recusado a honraria. Após algum tempo, veio em minha direção um jovem português desconhecido. Com o olhar fixo em mim, ele apressou o passo e me abordou:

– Boa tarde. Meu nome é João.[*] Preciso lhe pedir algo muito importante.

---

[*] Nome fictício.

– Claro, pode falar. Aliás, me chamo Pedro.
 – Venho da cidade do Porto. Estou aqui para agradecer um milagre à Virgem Maria. Disse a ela que gostaria muito de homenageá-la carregando o andor na procissão da noite.
 – Acho muito bonito. Você está certo, temos que agradecer sempre. Mas o que o impede de carregar o andor? Você conversou com o pessoal que trabalha no santuário?
 – Sim, conversei com todos. Eles sabem do meu milagre. O problema é que, na procissão de hoje, nenhum homem tem exatamente a minha altura.

Assim que ele acabou de falar, percebi: éramos exatamente do mesmo tamanho!

– Não pode ser! Com tantos homens aqui dentro? Deve haver alguém...
 – Eu e aquele senhor ali, que trabalha no santuário e é o responsável pelo andor, procuramos por toda parte. Só um homem se encaixa no que precisamos: você!

Minha mulher me encarou, muito séria. O homem que trabalhava no santuário se aproximou, com a expressão inquisitiva. O jovem português estava com os olhos marejados. Depois de pensar por um instante, falei:

– Muito bem, João. Aonde precisamos ir para levar o andor de Maria na procissão?

O rapaz me abraçou e não sabia como me agradecer. O senhor que trabalhava no santuário abriu um sorriso. Minha mulher também me olhou feliz. Aquilo tudo era muito maior do que minha vontade de ficar quieto rezando.

Foi assim que, com uma túnica branca por cima da roupa, ao lado do jovem português, apoiei a madeira do andor sobre o ombro esquerdo. Tinha um peso considerável. Nesse momento, falei mentalmente com a Virgem Maria:

– Mãe, com essa confusão toda, não vou poder me concentrar o suficiente no pedido que vim aqui lhe fazer. Então, como já lhe falei tudo durante o dia de hoje, por favor não se esqueça de mim!

Depois de alguns minutos, quando fizemos a curva com o andor para seguirmos ao final da procissão, a Virgem Maria me falou dentro do meu coração:

– Meu filho, não se preocupe. Você me carrega e eu carrego você.

Minha emoção foi enorme! Não consegui disfarçar o sorriso. Quando retornei ao Brasil, a porta que estava trancada se abriu e consegui meu objetivo.

Se você se encontra em intenso combate, seja na área das finanças ou dos relacionamentos (com os filhos ou seu cônjuge, por exemplo), seja na própria área espiritual ou da saúde mental, não pode deixar de se valer dos sacramentais. Eles vão potencializar suas orações e ações de defesa psíquica e espiritual.

O jejum como arma espiritual

*A*tualmente, muito se fala em jejum para fins estéticos e de saúde. Neste livro, não vamos entrar no debate dos seus benefícios e malefícios nessas áreas. Vou trabalhar aqui a eficácia do jejum como prática conectada à espiritualidade, mais especificamente ao combate espiritual.

O dicionário Aurélio esclarece que jejum significa "abstinência ou abstenção total ou parcial de alimentação em determinados dias, por penitência ou prescrição religiosa ou médica". Tanto na área humana quanto na espiritual, ele faz parte de uma categoria maior, denominada "abstinência".

No entanto, a abstinência pode estar ligada a diversas coisas e situações do cotidiano, não apenas a alimentos. No campo da espiritualidade, é muito comum a abstinência de álcool, de televisão e redes sociais e tantas outras. Ela é muito importante em diversas religiões, mas, para os católicos, tem um papel todo especial em tempos de Quaresma (o período de quarenta dias em preparação para a Páscoa), quando a Igreja nos pede a mortificação e o sacrifício pessoal.

Não podemos confundir a abstinência genérica com o jejum. Apesar de ambos serem ferramentas de crescimento espiritual por intermédio do sacrifício pessoal, o último entra na categoria da limpeza espiritual e das armas contra os ataques do maligno.

Que fique claro: a abstinência, considerada de modo amplo, traz disciplina mental, física, espiritual e mortificação, mas não tem a eficácia do jejum no combate aqui abordado.

Além disso, o assunto deste capítulo não tem relação com o jejum eucarístico – quando se permanece uma hora sem alimentos antes de receber a Eucaristia na missa.

Como visto acima, o jejum é adotado por diversas religiões ao redor do mundo. É, inclusive, anterior à própria fundação da Igreja Católica por Jesus Cristo. O judaísmo, por exemplo, é bem mais antigo que o cristianismo. No calendário judaico, há uma prática de jejum que remonta ao tempo do profeta Moisés: o Yom Kippur (Dia do Perdão), quando se fica 24 horas sem comer ou beber nada.

Os muçulmanos, por sua vez, possuem o Ramadã: um mês inteiro jejuando (no nono mês de seu calendário, que se baseia nos ciclos da lua). Eles se abstêm de qualquer alimento e de qualquer líquido do nascer ao pôr do sol. Os muçulmanos têm essa prática porque acreditam que, nesse mês, o arcanjo Gabriel desceu do Céu e revelou o Alcorão a Maomé.

O jejum tem a prerrogativa de criar espaço para Deus dentro da pessoa. À medida que se recusa a receber alimentos, o ser humano deixa o corpo físico em segundo plano para que se realce a importância do corpo espiritual.

Com o jejum, nutrimos nossa alma. Como é uma prática essencialmente espiritual, não é violada quando se recebe o Corpo e o Sangue de Jesus. Muito pelo contrário: a comunhão a realça de forma poderosa!

Há uma história muito bonita de uma Serva de Deus francesa que reforça o que escrevi no parágrafo anterior. (Para quem não sabe, "Servo de Deus" é o título que a Igreja Católica dá aos que se encontram em processo canônico no Vaticano para se tornarem oficialmente santos.)

Marthe Robin nasceu em 13 de março de 1902. Antes de completar 18 anos, foi diagnosticada com encefalite. Essa doença a acompanhou por toda a vida. Como era uma mulher de muita fé, discerniu em suas orações que, através de sua doença, poderia servir a Deus, dando-se em sacrifício pela salvação das almas.

Em 1929, Marthe ficou tetraplégica e passou a sofrer paralisia total das vias digestivas. Assim, não podia mais engolir alimentos. Naquela época, não havia a tecnologia que temos hoje para enfrentar situações como essa, como, por exemplo, a alimentação por sonda. Ela permaneceu desse modo por 52 anos até a sua morte, em 1981.

Neste capítulo, o que nos interessa na vida dessa francesa extraordinária é que o único alimento que ela conseguia receber e ingerir, durante o período em que ficou inválida, era a Eucaristia! Mas não só isso: Marthe comungava todas as quartas-feiras pela noite e entrava em êxtase místico logo em seguida. Assim permanecia até a segunda-feira seguinte. Note o poder da Eucaristia atrelada ao jejum!

O jejum transforma positivamente as orações. Funciona

como um combustível especial para elas ou, se preferir, um turbo poderoso que as impulsiona rumo ao Pai Celestial. Uma prece embasada pelo jejum tem potência bem maior do que sem ele.

No início da minha juventude, eu só praticava o jejum durante o período da Quaresma, sempre às sextas-feiras. Por volta dos 25 anos, meu anjo da guarda me chamou a atenção e explicou:

– Pedro, você serve ao Pai com sua missão, difundindo a palavra d'Ele e a oração do santo terço. Por isso, é alvo de ataques pesados do maligno. Precisa se valer do jejum como arma espiritual.

– Eu pensava que o jejum era uma prática de mortificação usada apenas como forma de penitência. Não se esqueça de que o pratico às sextas-feiras durante toda a Quaresma.

– Sim, o jejum também é uma ferramenta de penitência. Mas quem está na linha de frente do combate espiritual não pode praticá-lo só durante a Quaresma. Preste bastante atenção na forma como Jesus se preparou para iniciar sua missão. Ele se fortaleceu no deserto com quarenta dias de jejum e orações.

– Sim, conheço bem a passagem bíblica.

– Se conhece, quantas vezes se valeu dela?

– Você quer dizer fazer quarenta dias de jejum e orações?!

– Os quarenta dias seriam bons para você, mas me refiro ao jejum e oração antes de dirigir a reunião do terço na igreja ou de pregar em um retiro espiritual.

– Nunca tentei.

– Também não tentou fazer jejum às quartas-feiras e

sextas-feiras durante o ano todo, com exceção dos dias de festa instituídos pela Igreja.

– Não tentei. Você recomenda que eu adote essa prática? Por quanto tempo?

– Gostaria que adotasse essa prática de hoje em diante.

– Até o dia de minha morte?!

– Até o dia em que sua saúde permitir.

– Combinado.

Quando o anjo partiu numa explosão de luz verde, fui pegar a minha Bíblia. Queria guardar na mente, com absoluta exatidão, o evento do confronto entre o Senhor e o diabo. Trata-se da seguinte passagem do Evangelho de Lucas:

> Repleto do Espírito Santo, Jesus voltou ao rio Jordão, e era conduzido pelo Espírito através do deserto. Aí ele foi tentado pelo diabo durante quarenta dias. Não comeu nada nesses dias e, depois disso, sentiu fome. Então o diabo disse a Jesus: "Se tu és Filho de Deus, manda que essa pedra se torne pão." Jesus respondeu: "A Escritura diz: 'Não só de pão vive o homem.'" O diabo levou Jesus para o alto. Mostrou-lhe por um instante todos os reinos do mundo. E lhe disse: "Eu te darei todo o poder e riqueza desses reinos, porque tudo isso foi entregue a mim, e posso dá-lo a quem eu quiser. Portanto, se te ajoelhares diante de mim, tudo isso será teu." Jesus respondeu: "A Escritura diz: 'Você adorará o Senhor seu Deus, e somente a ele servirá.'"
> Depois o diabo levou Jesus a Jerusalém, colocou-o na parte mais alta do Templo. E lhe disse: "Se tu és Filho de Deus, joga-te daqui para baixo. Porque a Escritura diz: 'Deus ordenará aos seus anjos a teu respeito, que te guardem com cuidado.'

E mais ainda: 'Eles te levarão nas mãos, para que não tropeces em nenhuma pedra.'" Mas Jesus respondeu: "A Escritura diz: 'Não tente o Senhor seu Deus.'" Tendo esgotado todas as formas de tentação, o diabo se afastou de Jesus, para voltar no tempo oportuno. (Lc 4, 1-13)

Ao meditar sobre essa passagem da vida de Jesus, tirei algumas conclusões. De início, percebi que quem nos conduz ao jejum, para fins de progresso espiritual, é o próprio Espírito Santo. É seu desejo que percorramos o caminho iluminado por Jesus. Ele nos fortalece e potencializa seus dons em nós a partir da prática constante do jejum.

Aprendi também que, ao enfrentar situações difíceis, desafios ou eventos relevantes em que eu deveria me apresentar, o jejum era a ferramenta adequada para me direcionar ao sucesso. Em preparação para sua missão, Jesus jejuou por quarenta dias. É inegável o sucesso que obteve, pois do contrário você não estaria lendo este livro.

Acompanhado das Sagradas Escrituras (ou seja, da Bíblia), o jejum tem o efeito de uma bomba atômica sobre o mal! O diabo não pode resistir a ela. Então, passei a fazer também junto as leituras da missa do dia em que jejuo, recitando-as para mim mesmo, construindo orações pessoais com base nas palavras bíblicas.

Outra passagem do Evangelho que demonstra que o jejum é muito eficaz para retirar o maligno é aquela em que os apóstolos não conseguem expulsar um demônio de uma criança. O pai do garoto, então, o leva a Jesus, que o livra do mal com facilidade.

Os apóstolos perguntam a Jesus por que fracassaram. Além de explicar que é necessário ter uma fé sólida, Jesus lhes dá uma valiosa informação: "Somente oração e jejum podem expulsar esse tipo de demônio" (Mateus 17, 21).

Se em alguma área da sua vida você não consegue derrubar barreiras que, estranhamente, insistem em impedir seu avanço, considere combatê-las com jejum e oração, além de tomar as providências humanas devidas. Persista nessas práticas, pois Deus aprecia o esforço espiritual que fazemos e nos favorece com alegria.

Desde aquela conversa com meu anjo da guarda até os dias atuais, continuo a jejuar conforme ele me indicou. Nunca tive problemas físicos nem de saúde em geral devido ao jejum. Já obtive muitas graças por causa dele. Alcancei algumas das bênçãos mais difíceis através das orações em jejum.

Você deve estar se perguntando como faço meu jejum. Há inúmeras formas de fazê-lo e eu tenho a minha. Na realidade, meu método é muito simples. Inicio o jejum às 18 horas do dia anterior ao que meu anjo da guarda indicou (lembrem-se: ele me pediu jejum às quartas e sextas-feiras). Faço minhas orações pessoais (uma conversa com Deus na companhia do meu anjo da guarda) e, logo a seguir, o terço. Apresento minhas intenções para o jejum que está se iniciando. Prossigo com minhas atividades normais até a hora de dormir, quando faço novas orações e rezo mais um terço.

No dia seguinte, ao acordar, saúdo meu anjo da guarda e Deus Pai e preparo um café preto. Gosto de tomá-lo bem forte e, por vezes, coloco na xícara uma colher de creme de leite pasteurizado. Misturo tudo e bebo enquanto está quente. Quando termino, leio o jornal e faço as primeiras orações do dia. Procuro sair do jejum na parte da tarde, por volta das 15 ou 16 horas. Meu tempo ideal de jejum é em torno de vinte horas (apenas consumo o café nesse período). Há dias em que permaneço menos tempo jejuando e outros em que fico mais. O importante são o sacrifício e as orações, sem que isso lhe cause problemas físicos ou mentais. É muito importante também tomar bastante água. Não sinto qualquer alteração negativa na minha mente ou no meu corpo. Pelo contrário: fico mais alerta e ágil durante o jejum. Minha memória funciona com mais precisão. Meu raciocínio fica mais rápido. Percebo que meus dons de visão espiritual ficam mais aguçados. Sinto como se meu espírito fosse muito maior que meu corpo. Parece que visto uma couraça. Minha comunicação com o mundo espiritual se torna mais limpa e fluida.

Não estou recomendando que você faça o mesmo tipo de jejum que eu. Note que tenho muitos anos de prática. Não cheguei a esse ponto da noite para o dia! Primeiro, você deve procurar um médico e escutar a opinião dele. Considero igualmente importante uma consulta com o nutricionista, que pode lhe instruir sobre os melhores alimentos para antes e depois do jejum, para que seu corpo aproveite o máximo esse período sem sofrer. Até hoje, mesmo com toda a minha experiência, converso sobre o jejum com meu médico e com o nutricionista. Graças a Deus, ambos me incentivam a prosseguir.

A Igreja Católica não exige o jejum de crianças, idosos

ou pessoas com algum problema de saúde, nem mesmo na Sexta-Feira da Paixão, data importantíssima em seu calendário religioso. Assim, mesmo que você não seja idoso, caso tenha algum problema que o incapacita de fazer jejum, não precisa se sentir culpado.

Por outro lado, conheço alguns idosos (minha mãe, por exemplo) que, mesmo autorizados a não jejuar, permanecem fiéis à sua prática, pois a executam há tantos anos que ela se tornou um (bom) hábito. Só deixam de realizá-la quando estão doentes.

Assim que seu médico liberar, você pode começar aos poucos a privação de alimentos sólidos. No início, talvez seja mais fácil fazer um jejum à base de água de coco ou sucos, talvez até mesmo um pouco de leite. Não exagere no número de horas. Lembre-se: o jejum é um sacrifício, mas não deve prejudicar sua saúde e seu bem-estar. É necessário ter bom senso. Ninguém decide correr uma maratona da noite para o dia!

É fundamental que você não deixe de rezar nesse período. Não pode faltar a oração pessoal. Além dela, insira pelo menos alguma oração devocional que tenha o hábito de fazer. No meu caso, já sabem: o terço. Mas existem tantas outras que casam muito bem com o jejum. Como os anjos se aproximam daqueles que jejuam e oram em busca de progresso espiritual, a oração da Súplica ardente aos anjos é muito utilizada (confira-a na página 172). Enfim, use as orações que tocam o seu coração.

Em fevereiro de 2023, decidi apoiar o jejum daqueles que estão inscritos no meu canal do YouTube, rezando com eles o terço ao vivo nas noites de terça e quinta-feira (logo após entrarmos em jejum). Em uma das vezes, um amigo me enviou o comentário feito por uma mulher após a oração. Ela disse que praticava havia algum tempo o jejum intermitente (permanecia dezesseis horas em jejum e tinha uma "janela" alimentar de oito horas, e assim sucessivamente). Falou que não o fazia por razões espirituais, mas de saúde e estética. No entanto, gostaria de saber se ele também valia para fins religiosos/espirituais.

Obviamente não vale. Para ter valor espiritual, o jejum precisa ser praticado com essa finalidade, além de acompanhado de orações. É necessário ter consciência e presença de espírito. Do contrário, você não o estará ofertando a Deus como sacrifício. Não estará buscando sua limpeza e desenvolvimento espiritual. Não estará se aproximando do Pai e de seus anjos.

Durante outro terço ao vivo, que rezei em março de 2023, uma fiel me perguntou se, no período de jejum, em vez de fazer orações tradicionais, ela poderia cantar músicas religiosas, cujas letras tocavam seu coração e a faziam se sentir mais perto de Deus. Claro que sim! Como nos ensina o Catecismo da Igreja Católica: "Quem canta reza duas vezes" (§ 1156). O importante é fazê-lo com fervor.

Além de fortalecer a alma da pessoa, o jejum também a limpa. Sabe o banho que você toma em casa, com sabão e xampu, que lhe traz um enorme bem-estar? Pois é, essa prática de mortificação tem o mesmo efeito no plano espiritual.

Quem já experimentou a incômoda sensação de entrar em um lugar e se sentir mal por haver algo "pesado" naquele ambiente? O mesmo acontece quando convivemos com pessoas negativas, "pesadas", que trazem tristeza ou cansaço. O que fazer? Ora, se a sensação de que há algo ruim não vai embora com o passar das horas, uma das providências é iniciar um jejum, para purificar o corpo e a alma.

Contaminação por pessoas, lugares e objetos

No convívio social, percebemos que certas pessoas nos são naturalmente agradáveis, enquanto outras nos causam certa repulsa, ainda que não nos façam nada de mal. Você deve estar pensando: Claro! Algumas são mais eloquentes, sorridentes, têm bom papo e bom senso, aparência mais vistosa, e assim capturam nossa atenção.

Este capítulo não é sobre beleza, retórica, etiqueta social, moda ou persuasão. Trato aqui de algo que não tem explicação racional. Algo que todos captamos, vez ou outra, por meio do que se convencionou denominar "sexto sentido". Refiro-me àquela impressão que temos de imediato quando alguém que muitas vezes nem conhecemos está diante de nós e, pela simples presença, nos causa um sentimento bom ou o oposto.

Tenho certeza de que muita gente, sem razão aparente, se sentiu bem (em paz, acolhida, protegida ou alegre) na companhia de alguém que, a princípio, não tem características extraordinárias ou de destaque nem presenteou algo em especial. Sei que boa parte dos que estão lendo este livro já sentiram algo estranho ao entrar em uma casa ou pegar algum objeto, sem compreender o porquê.

Para explicar esse fenômeno, começo com um exemplo interessante, que aconteceu na década de 1990 com um amigo meu.

Certo dia, ele saiu de carro de Fortaleza (CE) em direção a uma cidade do interior da Paraíba. A longa viagem pelas péssimas estradas nordestinas tinha uma razão: sua vida estava atribulada em diversas áreas, ele não conseguia planejar com segurança os próximos passos que deveria tomar.

Como era um homem de fé e, por temperamento, calmo e prático, concluiu que precisava urgentemente de auxílio para sua tomada de decisão. Necessitava encontrar uma pessoa de oração que tivesse os dons do discernimento e da sabedoria, para rezar com ele por sua vida e intenções.

Procurando um bom conselho, telefonou para Zitinha, que estava em seu apartamento, no Rio de Janeiro. Sem titubear, ela lhe apresentou a solução:

– No interior da Paraíba, existem duas irmãs idosas que recebem em sua casa qualquer pessoa que precise de oração. Elas têm os dons necessários para te ajudar. Vá até lá e deixe que elas conduzam a oração. Você pode simplesmente dizer que precisa de uma graça, sem especificar o que foi lá buscar. Deixe que o Espírito Santo aja sobre elas.

Ao perceber que meu amigo estava descrente, Zitinha deu sua risada característica e acrescentou:

– Uma coisa interessante que você vai notar é que as duas são muito simples, viveram a vida inteira juntas na pobreza e são praticamente analfabetas. Mesmo assim, dominam bem o Evangelho e são mestras na oração!

Imediatamente, meu amigo ficou curioso e esperançoso. Se dominavam a Palavra de Deus, mesmo sem saber ler e escrever corretamente, e ainda eram fortes na oração, ele fazia questão de conhecer. Ao desligar o telefone com Zitinha, ele disse em silêncio para si mesmo:

– Preciso de alguém que faça comigo uma oração poderosa de libertação e que tenha um aconselhamento certeiro, para que essas correntes que estão na minha vida caiam por terra! Vou pegar o carro e dirigir até a casa dessas sábias senhoras místicas. Deus há de abençoar o meu esforço.

Confiante em um bom resultado, algumas horas de estrada depois bateu à porta de uma casa muito simples, em um bairro pobre. Foi recebido por duas senhoras baixinhas e sérias, que carregavam o terço nas mãos, usavam vestidos de pano (praticamente idênticos) e sandálias velhas nos pés.

Com poucos móveis, a pequena casa era organizada, limpa e arejada. O sol entrava com intensidade pela sala. Apesar do cansaço da viagem e de estar numa região pobre e de clima adverso, completamente diferente dos lugares em que vivia e frequentava, e apesar da ausência de palavras acolhedoras e sorrisos nos rostos, ele se sentiu muito bem. Foi algo instantâneo, como se estivesse chegando em casa, sendo recebido por sua gente com amor.

Aquelas mulheres exalavam algo muito agradável, que os olhos não podiam ver e a mente não conseguia compreender, mas o coração captava. O que era aquilo?

Com um gesto, elas o mandaram adentrar a sala, onde

rezavam com os visitantes a qualquer hora do dia e da noite. Ali havia imagens da Virgem Maria e do Sagrado Coração de Jesus, além dos santos de sua devoção. Não havia dúvidas de que aquele era um lar católico, de pessoas constantes na oração.

Logo no começo, meu amigo percebeu que as irmãs conduziam a oração com muita autoridade e entrosamento. Uma completava as frases da outra, em uma dinâmica espontânea e gostosa. Ao perceberem que ele estava sentado na cadeira de madeira de pernas cruzadas, elas trocaram olhares rápidos e, com voz calma e firme, ordenaram em uníssono:

– Descruze as pernas e plante os pés no chão!

– Claro – disse ele, obedecendo com um sorriso, mas ficou intrigado. – Mas desculpe perguntar: por que não posso ficar de pernas cruzadas?

– Quando a pessoa cruza os braços ou as pernas, demonstra que está fechada para as graças de Deus. Que não está à vontade na oração. O Espírito Santo não vem sobre ela. Você deve se abrir a Ele sem medo ou não vai receber o que necessita.

Meu amigo nunca tinha ouvido nada parecido em seus muitos anos de grupo de oração, nas igrejas e casas onde estivera. Já que o argumento fazia sentido do ponto de vista da linguagem corporal (ter uma postura de acolhimento, destemida e mais relaxada), não contestou mais. Como Deus nos observa em tudo, provavelmente aquelas senhoras estavam corretas. Assim, ele passou a adotar essa postura em qualquer oração que fazia, ainda que estivesse sozinho, pois entendeu que ali estava uma instrução importante, que poderia lhe ter sido enviada do Pai Eterno.

Tão logo descruzou as pernas e se concentrou com afinco, sentiu a presença do Espírito Santo no local onde estavam reunidos. Aquilo acalentou seu coração, e ele, que em alguns momentos do percurso se sentiu derrotado, pensou confiante: "Deus está aqui, ouve nossa prece e vai me apresentar alguma solução."

Você certamente captou a mensagem: não era a aparência, eloquência, beleza ou simpatia daquelas senhoras que despertavam um sentimento tão bom naqueles que as encontravam. Era algo sobrenatural. Por cumprirem os preceitos do Senhor, por serem amigas íntimas de Deus e o servirem dia e noite, elas irradiavam seu Santo Espírito. Transbordavam a paz e o amor do Pai sobre quem estivesse presente lá.

O oposto também acontece. Meus leitores e seguidores do YouTube, que conhecem bem meus livros e minhas palestras, já ouviram meu relato sobre a primeira vez que estive em Mostar, uma pequena cidade da Bósnia-Herzegovina que fica bem pertinho de Medjugorje.

Eu estava em uma peregrinação com um grupo de trinta pessoas. Fomos ao mosteiro franciscano de Mostar, para uma missa com frei Jozo. O lugar era muito bonito: arborizado, com jardins, imponente e bem cuidado. Quando fui dar uma volta no pátio do local, vi uma senhora, dois rapazes e uma moça, que estava sentada em um banco, à sombra de uma árvore. A princípio, parecia uma família normal, com gente bonita.

Porém, assim que olhei melhor a família, me arrepiei da

cabeça aos pés. Havia algo de muito ruim ali. Nenhum deles me olhou nos olhos ou se dirigiu a mim. Mesmo assim, meu impulso foi me afastar o mais rápido possível. Aproveitei que um dos padres me chamou e voltei logo para a igreja do mosteiro.

Sentado em um dos bancos, localizado na metade da igreja, minha mente continuava em alerta. Algo me dizia com clareza para ir embora, pois estava correndo perigo. Mas o que poderia me acontecer em um lugar daqueles? Tudo ali parecia na mais harmônica paz. O silêncio reinava naquele dia agradável.

De repente, pela porta lateral da igreja, adentrou a mãe aflita, com os dois rapazes, que eram fortes e altos, segurando a menina, um em cada braço. Ao perceber que estava no interior do templo, ela se transformou em algo selvagem e jogou cada um para um lado, como se fossem brinquedos de plástico. Seu rosto não era mais o de uma bela moça, mas o de uma criatura estranha e raivosa. Sua voz era gutural e rouca. Seus olhos estavam esbugalhados e vermelhos. O demônio estava nela.

Note bem: não havia nada que, humanamente ou racionalmente, indicasse que aquela menina, sentada em silêncio no jardim, estava possuída pelo demônio. Minutos antes, eles pareciam uma família normal. Estavam todos tranquilos e bem-vestidos. Minha intuição, contudo, disparou um alarme. A força que emanava do grupo era maligna e eu não queria estar perto deles.

Isso ocorre porque todos nós carregamos um peso invisível aos olhos humanos. Trata-se de uma força, uma luz, que nos envolve no plano espiritual. Qualquer um que entre num raio de alcance curto a sentirá. Uma pessoa acostumada a praticar atos de amor, que tem por hábito diário a oração, a meditação e a leitura de textos espiritualizados, transmite uma presença de paz e acolhimento.

Popularmente, é comum ouvirmos que "fulano parece andar mal acompanhado", pois sua presença faz com que o ambiente fique carregado de algo negativo. É exatamente sobre isso que trata este capítulo. Os pensamentos, sentimentos, atos e hábitos de uma pessoa definem, no plano espiritual, se a luz e a força que a envolvem é agradável ou não.

De fato, quando alguém se afunda em pensamentos, sentimentos e hábitos ruins, abre brechas para ser acompanhada no dia a dia por espíritos malignos. Tendo em vista as inclinações e escolhas da pessoa, eles passam a municiá-la de ideias cada vez mais melancólicas, depressivas, destrutivas e derrotistas. Ela não sai desse círculo vicioso e, ao se aproximar dos outros, transmite uma energia desagradável.

Obviamente, nem sempre podemos dar as costas para essas pessoas. Somos obrigados, socialmente ou por laços de família, a conviver com elas. Desnecessário dizer que essa energia negativa pode nos contaminar. Se você já esteve em contato com alguém assim e depois ficou com uma sensação ruim no corpo, na mente e no coração durante algum tempo, entende do que falo.

O que fazer quando uma pessoa de carga negativa visita sua casa? É necessário aplicar sobre si e sobre seu lar uma limpeza espiritual. Aprendi algumas técnicas com Zitinha, que sempre considerei minha mentora espiritual.

A primeira providência é se valer de um sacramental: a água benta. No outro capítulo, contei como Zitinha pedia que as pessoas que frequentavam seu grupo de oração fizessem o sinal da cruz com os dedos banhados pela água benta antes do início de qualquer reunião. Na saída, todos eram convidados ao mesmo ritual. O relato do exorcismo de frei Juan Antonio, em Belém, também confirma essa providência, pois a água benta fez o demônio se revelar em uma mulher.

Certas orações também têm o poder de limpar o ambiente. Quando uma ou mais pessoas com grande carga de negatividade chegavam ao apartamento de Zitinha, todos os que tinham caminhada espiritual sentiam de imediato a presença desagradável.

Como estávamos ali para interceder pelas pessoas, para que mudassem de vida, não podíamos recusá-las ou expulsá-las. Nos Evangelhos, Jesus deixou bem claro que veio ao mundo para os pecadores, os que estavam perdidos, pois quem precisa de médico é justamente o doente.

Como discípulos do Senhor, servos em sua obra no mundo, tínhamos a obrigação de acolher essas pessoas que, havia muito, estavam afastadas de Deus e que, em alguns casos, praticavam magia negra e afins. Digo essas coisas para que entendam que não era uma tarefa fácil. Eram tardes de verdadeiro combate espiritual.

Quando a oração de combate acabava e as pessoas iam para casa, Zitinha fazia com que o núcleo que a auxiliava ficasse e rezasse com ela o ato penitencial e sete Credos (você pode orar também seguindo o Apêndice). Em situações mais graves, quando a contaminação espiritual era forte, ela também fazia o mesmo grupo entoar canções de louvor a Deus e de perdão. Zitinha dizia a todos que, caso chegassem em casa e continuassem a sentir o peso daquela tarde de oração, deveriam rezar sozinhos cinquenta Credos! O efeito disso é a libertação.

Quando eu tinha por volta de 19 anos, fui a um retiro espiritual no Mosteiro de São Bento, no Rio de Janeiro. Dom Cipriano Chagas, monge beneditino, era quem fazia as pregações naquele dia. Ele contou um caso que havia enfrentado como sacerdote exorcista.

Uma senhora carioca, católica, muito distinta e rica, percebeu que algo de maligno tinha se instaurado em seu apartamento. Em suas orações, esse fato gritava forte em seu coração. Os negócios do marido e a saúde de toda a sua família começaram a deteriorar em ritmo veloz e sem uma explicação racional. Em desespero, ela chamou dom Cipriano para ir até a sua casa e discernir se aquela crise toda que se abatera tinha origem no mundo espiritual.

Tão logo entrou na residência, dom Cipriano bateu os olhos em um enorme quadro que ocupava boa parte da parede da sala. Aproximou-se para o examinar melhor. Depois de alguns segundos, declarou:

– Este quadro é a razão para as coisas irem mal aqui.

– Dom Cipriano, compramos este quadro em um leilão. É uma obra de arte cara. Além do mais, não existe nenhum símbolo ou imagem que remeta ao maligno no quadro. Veja bem!

– É ele que está contaminando as pessoas e tudo o mais

nesta família. Aliás, como a senhora mesma disse, ninguém sabe a procedência dessa obra de arte. Ela tem muitos anos, certamente. Nesse período, é muito provável que tenha permanecido em ambientes carregados de força negativa e as tenha absorvido. Talvez tenha sido pendurado em paredes que testemunharam algumas tragédias. Agora, magnetizado dessa forma, irradia mal sobre sua família e seus negócios.

Bastante impressionada com a firmeza do sacerdote, a mulher queria se livrar daquela onda maléfica.

– O que devo fazer?
– Destruir esse quadro.
– Simplesmente quebrá-lo?
– Não. Ele está tão contaminado que o correto é queimá-lo, para que restem apenas cinzas e ele não cause mais problemas a ninguém.
– Entendi. Farei isso imediatamente. Obrigada, dom Cipriano.

Quando eu tinha por volta de 25 anos e dirigia o terço na Paróquia de Santa Mônica uma vez por semana, transmiti uma mensagem a respeito de um objeto contaminado. Ao final da oração, uma senhora muito educada e bem-vestida veio falar comigo:

– Pedro, você deu uma mensagem que penso ter sido para mim.
– É muito difícil eu me lembrar do conteúdo e do destinatário das mensagens – esclareci, cansado.
– Você falou meu nome e disse que ganhei de presente um vaso enorme, com adornos pintados à mão. Como você

não me conhece e é a primeira vez que venho à reunião do terço, fiquei muito impressionada. – Ela sorriu. – De fato, há uns meses, recebi exatamente esse presente. Foi uma amiga que o trouxe para mim.

– Então a mensagem era boa?

– Por um lado, sim. Por outro... – Ela me olhava com preocupação.

– Qual a parte ruim?

– Você disse que havia uma magia dentro de um saco plástico no fundo do vaso, por baixo da terra que sustenta as plantas. E que isso está prejudicando meu casamento e minha saúde, bem como a do meu marido e do meu filho.

– A senhora é casada e tem um filho?

– Sim, você foi preciso, daí a minha preocupação. Será que dentro desse vaso existe algum tipo de magia negra para destruir minha família?

– Só saberemos depois que a senhora investigar o vaso, quando chegar em casa.

Na semana seguinte, a mesma mulher estava presente na reunião de oração. Ao final, com uma expressão triste, veio falar comigo:

– Pedro, lembra da mensagem da magia dentro do vaso, dada no último terço?

– Sim, lembro bem.

– Depois que meu marido e meu filho saíram para seus afazeres, eu e a moça que trabalha lá em casa esvaziamos o vaso na área de serviço do apartamento. No fundo, havia um pacote de plástico negro, preso com fita adesiva. Quando o abrimos, encontramos algo um tanto melado e alguns objetos estranhos. Havia até mesmo um símbolo esquisito em um broche, esculpido em prata!

– E o que a senhora fez com tudo isso?

– Em primeiro lugar, agradeci a Deus por ter estado aqui nesta igreja com você aquele dia. – Ela abriu um sorriso educado. – Sem isso, jamais saberia que tinham feito algo contra mim e minha família. Em segundo lugar, como aquilo era mesmo magia negra, coloquei tudo em uma sacola e levei a um sacerdote amigo. Espantado com a situação, ele garantiu que iria incinerar tudo e exorcizar o que restasse.

– Excelente providência!

– Espero que a nossa saúde, harmonia, paz e prosperidade retornem imediatamente.

– Ao eliminar de sua casa o foco do maligno, a senhora certamente perceberá uma grande melhora.

Contei os fatos acima para que fiquem atentos a tudo aquilo que adquirem ou guardam em casa. Existem objetos mais óbvios, por conterem símbolos ou desenhos que remetem a algo esotérico ou maligno. Normalmente, aqueles que são precavidos os evitam. Mas há situações mais difíceis, quando o maligno se encontra escondido. Nesses casos, apenas a intuição da pessoa de oração pode funcionar como um alarme.

Conclusão: não deixe sua vida espiritual de lado. Da mesma forma que pratica exercícios físicos, pratique também os espirituais, para que a saúde em ambas as áreas não desapareça de uma hora para outra e deixe você na mão!

A proteção dos anjos da guarda, de São Miguel e São José

O anjo da guarda

A maior parte dos meus leitores conhece meu livro *Todo mundo tem um anjo da guarda*. Lá, há informações fundamentais sobre o mundo angélico, que não podem ser ignoradas por aqueles que se interessam pelo tema da defesa espiritual. Nossos anjos da guarda são protagonistas no combate.

Quem tem o costume de rezar comigo o terço, no meu canal do YouTube, sabe que, logo no início de cada oração, convocamos nossos guardiães para intercederem por nós. Também sabem que invocar a presença do seu anjo da guarda, ao acordar pela manhã, é um hábito que estreita os laços de amizade com o ser angélico. Devemos fazer o mesmo procedimento para encerrar o dia, ao deitar na cama.

Aos domingos, observando a fila da comunhão, costumo notar que algumas pessoas são acompanhadas por seus anjos da guarda. Infelizmente, trata-se de um número pequeno em relação aos que estão presentes na missa. Provavelmente os que gozam dessa companhia celestial praticam a devoção ao ser angélico, tendo por hábito conversar com ele ou rezar em sua companhia. Certamente seus guardiães os defendem dos ataques do maligno no dia a dia. Os demais devem dedicar pouco ou nenhum tempo à devoção, não usufruindo de toda a proteção que essas criaturas do Céu podem oferecer.

Certa vez, quando eu era bem jovem, estive com Zitinha em uma missa em honra de Nossa Senhora da Rosa Mística, na Paróquia de Santa Mônica, no Leblon. Ao final, do lado de fora da igreja, ela me perguntou, sorridente:

– Pedro, você percebeu que os anjos da guarda gostam de acompanhar as pessoas que se dirigem para receber a comunhão?

– Sim. Eles ficam bem ao lado de seus protegidos. Mas qual a razão disso?

– Os anjos gostam de estar perto de Jesus. Lembre-se que, quando o Senhor esteve no deserto, jejuando por quarenta dias, os anjos o serviram. – Ela se referia ao fato de a Eucaristia ser o Corpo e o Sangue de Jesus e à famosa passagem do Evangelho de Mateus (Mt 4,11).

– Sinceramente, hoje vi pouca gente acompanhada de anjos. Minha visão espiritual não estava em um dia bom ou as pessoas realmente não traziam seus guardiães com elas?

– Seu dom de visão está em perfeito estado. Infelizmente, a devoção ao anjo da guarda precisa ser mais difundida, para que as pessoas tenham amizade com esses seres protetores e gozem de seus benefícios.

– Zitinha, que coisa triste! Então você acha que a maioria das pessoas não está acompanhada por ignorância? Elas não sabem que podem chamá-los para que eles venham em seu auxílio?

– Sim. Observe que nós encontramos essa gente sempre aqui, aos domingos, na missa. Apesar de serem pessoas com alguma caminhada espiritual, não têm o hábito de chamar ou pedir ajuda ao anjo da guarda para os mais diversos assuntos. Por isso, você não os está vendo. Esses anjos estão afastados, aguardando convocação, executando seus afazeres no seu coro angélico. Como são emissários de Deus, respeitam o livre-arbítrio de cada um.

– Claro, faz sentido. Impressionante que elas não saibam que o anjo da guarda é a primeira proteção que nós temos contra o bombardeio dos espíritos malignos. É curioso notar que algumas pessoas, mesmo levando a vida de acordo com os preceitos de nossa religião por tanto tempo, não tenham percebido como é importante o anjo da guarda.

– Disse tudo, Pedro. – Ela sorriu. – Aliás, sempre que puder, fale às pessoas sobre a importância de se ter ao lado o anjo da guarda.

Meu anjo da guarda é muito eficiente. Para que tenham uma ideia da proteção que me oferece, vou lhes contar um pouco do combate espiritual que enfrento a cada terço que rezo ao vivo com o povo.

Durante essas orações, é comum que eu sinta o peso espiritual daqueles que estão presentes, até mesmo on-line. Muitas vezes, a negatividade que essas pessoas cultivam em suas vidas acaba me atingindo. Imediatamente, sinto aquela força ruim grudar na minha pele, procurando se alojar dentro de mim.

Como estou concentrado na oração que faço, juntamente com o numeroso povo, não posso agir para eliminar essa força. Quem toma a iniciativa, então, é meu anjo da guarda. Ele se põe à minha frente ou às minhas costas e começa a brilhar intensamente sua luz esverdeada. Sinto todo o meu corpo se aquecer, como se eu estivesse dentro de uma sauna! Por vezes, as pessoas percebem que meu rosto fica corado, como se eu tivesse tomado sol sem protetor solar.

Quando a luz do meu anjo da guarda atinge o meu corpo, toda aquela energia negativa começa a evaporar. Posso ver nitidamente que uma substância de cor turva, que estava presa à minha pele, se transforma em um vapor acinzentado e sobe em direção ao firmamento. Sinto-me revitalizado e leve outra vez. Por isso, consigo conduzir bem as reuniões do terço com o povo. Sem esse apoio espiritual, isso não seria possível.

São Miguel Arcanjo

Além da intimidade com o anjo da guarda, a pessoa que está em situação difícil na vida, em especial no plano da defesa espiritual, deve praticar a devoção a São Miguel Arcanjo, o general da milícia celeste. Ele e seus anjos guerreiros podem romper as correntes do mal e derrubar as barreiras que impedem o progresso.

A posição de destaque de São Miguel está atestada na Bíblia. No Antigo Testamento, no Livro de Daniel, por exemplo, ele é denominado "um dos príncipes supremos"

(Dn 10, 13). Para nós, católicos, esse ser angélico é considerado o guardião celeste, o príncipe e general guerreiro, que defende o trono de Deus Pai.

Ele é o chefe supremo do exército celestial e comanda todos os anjos que são fiéis a Deus. Sabemos disso por conta de uma grande batalha no Céu, travada contra Lúcifer (Satanás) e seus anjos rebeldes, narrada no Livro do Apocalipse:

Aconteceu então uma batalha no Céu: Miguel e seus Anjos guerrearam contra o Dragão. O Dragão batalhou juntamente com os seus Anjos, mas foi derrotado, e no Céu não houve mais lugar para eles. Esse grande Dragão é a antiga Serpente, é o chamado Diabo ou Satanás. É aquele que seduz todos os habitantes da terra. O Dragão foi expulso para a terra, e os Anjos do Dragão foram expulsos com ele. (Ap 12, 7-9)

É importante dizer que, todas as vezes que estive em apuros, sob forte ataque espiritual, São Miguel me socorreu. Recordo-me, inclusive, do conselho que meu anjo da guarda me deu quando eu tinha 18 anos:

– Pedro, não pense que pode derrotar as forças do mal sozinho.

– Eu sei. Por isso o chamei.

– Há situações em que o anjo da guarda, solitário, não consegue fazer frente a um exército demoníaco. Como em todo combate, é necessário convocar tropas de reforço.

– Sim, faz sentido – respondi mentalmente. – Como posso convocá-las?

– Você precisa invocar nosso príncipe e seu exército.

– Quem?
– O arcanjo Miguel, chefe dos exércitos celestiais do Pai Eterno. Ele enviará o reforço necessário e afastará o mal.
– E você? Não ficará para a luta?
– Estou sempre ao seu lado, para todas as lutas de sua vida. Permanecerei assim.

Desde então, não passei um dia sequer de minha vida sem rezar ao arcanjo Miguel. Aqueles que o invocam diariamente e são seus devotos sentem sua presença, bem como a dos seus anjos guerreiros, no lar, no trabalho e em locais onde precisam de proteção.

Para se colocar sob a proteção de São Miguel, você deve fazer algumas orações fundamentais com frequência: o Exorcismo breve de São Miguel, a Ladainha de São Miguel e a Consagração a São Miguel. Além delas, há uma devoção que o próprio arcanjo ensinou numa aparição à Serva de Deus e irmã carmelita Antónia D'Astónaco: as nove saudações aos nove coros angélicos ou, simplesmente, o rosário de São Miguel. Confira todas essas orações no apêndice do livro.

São José

Por fim, há um santo muito poderoso que pode ajudar você a romper as amarras que prendem áreas importantes de sua vida: São José. Ele mesmo, o esposo da Virgem Maria e pai adotivo de Jesus Cristo. O homem a quem Deus confiou seu Filho Único e todos os bens materiais que serviriam Jesus até o momento em que iniciou sua vida pública.

São José tem posição importante no combate espiritual. Não à toa, ele é invocado na Igreja Católica como "terror dos demônios". Você nunca se deparou com esse título? Trata-se de um dos vários atribuídos ao carpinteiro, pai do Senhor, na ladainha oficial rezada em sua honra (confira-a na página 181). Você deve estar se perguntando o porquê desse título tão forte, já que, em nenhum momento na Bíblia, São José foi assim denominado.

Há alguns bons motivos. Em primeiro lugar, ele é baseado nas experiências práticas dos sacerdotes exorcistas católicos, que garantem a eficácia da invocação de São José, juntamente com Jesus e a Virgem Maria, para expulsar demônios que se apoderam das pessoas.

Outro fundamento, lógico e teológico, é o fato de Deus Pai, o criador de todas as coisas visíveis e invisíveis, ter confiado seu maior tesouro, o menino Jesus, bem como a sua mãe, a Virgem Maria, a São José. Isso demonstra que José reunia todas as grandes qualidades que um ser humano deve ter, como ser um perfeito guardião da vida e protetor da família.

Por fim, há outro motivo muito importante, de ordem espiritual. Segundo o ensinamento tradicional da Igreja Católica, a queda de Lúcifer se deu sobretudo por causa do pecado da soberba. O antídoto para combatê-la é a humildade. Então, as criaturas demoníacas, que não suportam estar na presença daquele que é verdadeiramente humilde, se retiram com a invocação de São José.

Por tudo isso, meu conselho é: esteja todos os dias na companhia dessa trinca poderosa (o anjo da guarda, São

Miguel e São José) e peça sua ajuda em todos os assuntos, em qualquer área de sua vida em que haja um obstáculo a ser superado ou um problema complicado.

Apêndice:
Orações e salmos para a defesa espiritual

Nesta seção, apresento algumas orações que podem ser utilizadas na prática diária da defesa espiritual. Há orações para a invocação dos anjos, de São Miguel Arcanjo, da Virgem Maria e de São José. Também há salmos para a libertação das pessoas e do lar.

Eu os dividi em seções para facilitar sua busca quando se deparar com questões específicas do combate espiritual.

Antes de você partir para as orações específicas, aconselho sempre rezar a seguinte sequência introdutória:

1. Sinal da Cruz
2. Pai-Nosso
3. Ave-Maria
4. Glória ao Pai
5. Oração ao anjo da guarda
6. Exorcismo breve de São Miguel Arcanjo
7. Oração de São Bento
8. Levanta-se Deus

Ao fim de todas as orações, você encerrará rezando:
"Não há poder maior do que o poder da Santíssima Trindade, e é com este poder que eu me revisto, revisto minha família e meus bens materiais e imateriais. Em nome do Pai, do Filho e do Espírito Santo. Amém."

SEQUÊNCIA INTRODUTÓRIA

Oração ao anjo da guarda

Santo anjo do Senhor, meu zeloso guardador, se a ti me confiou a Piedade Divina, sempre me rege, guarda, governa e ilumina. Amém.

Exorcismo breve de São Miguel Arcanjo

São Miguel Arcanjo, defendei-nos no combate, sede nosso refúgio contra as maldades e ciladas do demônio. Valei-me, Deus, instantemente o pedimos, e vós, príncipe da milícia celeste, pela virtude divina, precipitai no inferno a Satanás e aos outros espíritos malignos, que andam pelo mundo para perder as almas. Amém.

Oração de São Bento

A Cruz Sagrada seja a minha luz, não seja o dragão o meu guia. Retira-te, Satanás! Nunca me aconselhes coisas vãs. É mal o que tu me ofereces. Bebe tu mesmo do teu veneno!

Levanta-se Deus

Levanta-se Deus, pela intercessão da sempre bem-aventurada Virgem Maria, São Miguel Arcanjo e todas as milícias celestes. Sejam dispersos os seus inimigos e fujam de sua face todos os que O odeiam. Em nome do Pai, do Filho e do Espírito Santo. Amém.

Outras orações essenciais

Ato penitencial

Confesso a Deus todo-poderoso, e a vós, irmãos e irmãs, que pequei muitas vezes por pensamentos e palavras, atos e omissões, por minha culpa, minha tão grande culpa. E peço à Virgem Maria, aos anjos e santos, e a vós, irmãos e irmãs, que rogueis por mim a Deus, Nosso Senhor.

Credo

Creio em Deus Pai, todo-poderoso, criador do Céu e da Terra, e em Jesus Cristo, seu único Filho, Nosso Senhor, que foi concebido pelo poder do Espírito Santo, nasceu da Virgem Maria, padeceu sob Pôncio Pilatos, foi crucificado, morto e sepultado, desceu à mansão dos mortos, ressuscitou ao terceiro dia, subiu aos céus, está sentado à direita de Deus Pai todo-poderoso, donde há de vir julgar os vivos e os mortos. Creio no Espírito Santo, na santa Igreja Católica, na comunhão dos santos, na remissão dos pecados, na ressurreição da carne, na vida eterna. Amém.

OUTRAS ORAÇÕES AOS ANJOS

Oração aos nove coros angélicos

São Miguel Arcanjo, eu vos recomendo a hora da minha morte. Afastai de mim o demônio, para que ele não me ataque e não prejudique a minha alma.

São Rafael Arcanjo, conduzi-me sempre no caminho reto da virtude e perfeição.

São Gabriel Arcanjo, alcançai-me de Deus uma fé viva, uma esperança forte e um amor ardente, e profunda devoção a Jesus no Santíssimo Sacramento e à Virgem Imaculada.

Santo anjo da guarda, obtende-me inspirações divinas e a graça especial de pô-las em prática com fidelidade.

Ó ardentes serafins, alcançai-me um amor fervoroso a Deus.

Ó iluminados querubins, alcançai-me o verdadeiro conhecimento de Deus e a sabedoria dos santos.

Ó excelentes tronos, alcançai-me a paz e a tranquilidade de coração.

Ó altas dominações, alcançai-me a vitória sobre todas as minhas más inclinações e concupiscências.

Ó invencíveis potestades, alcançai-me fortaleza contra todo o poder infernal.

Ó sereníssimos principados, alcançai-me perfeita obediência e justiça.

Ó milagrosas virtudes, alcançai-me a plenitude de todas as virtudes e a perfeição.
Ó santos arcanjos, alcançai-me conformidade com a vontade de Deus.
Ó santos anjos, fiéis protetores, alcançai-me verdadeira humildade e grande confiança na misericórdia de Deus. Amém.

Rosário de São Miguel Arcanjo

V – Deus, vinde em nosso auxílio.
R – Senhor, socorrei-nos e salvai-nos.
Glória ao Pai, ao Filho e ao Espírito Santo, como era no princípio, agora e sempre. Amém.

Primeira saudação: Pela intercessão de São Miguel e do coro celeste dos serafins, que o Senhor Jesus nos torne dignos de sermos abrasados de uma perfeita caridade. Amém.
Glória ao Pai. Pai-Nosso. Três Ave-Marias.

Segunda saudação: Pela intercessão de São Miguel e do coro celeste dos querubins, que o Senhor Jesus nos conceda a graça de fugirmos do pecado e procurarmos a perfeição cristã. Amém.
Glória ao Pai. Pai-Nosso. Três Ave-Marias.

Terceira saudação: Pela intercessão de São Miguel e do coro celeste dos tronos, que Deus derrame em nossos corações o espírito de verdadeira e sincera humildade. Amém.
Glória ao Pai. Pai-Nosso. Três Ave-Marias.

Quarta saudação: Pela intercessão de São Miguel e do coro celeste das dominações, que o Senhor nos conceda a graça de dominar nossos sentidos e de corrigir nossas más paixões. Amém.
Glória ao Pai. Pai-Nosso. Três Ave-Marias.

Quinta saudação: Pela intercessão de São Miguel e do coro celeste das potestades, que o Senhor Jesus se digne proteger nossas almas contra as ciladas e as tentações de Satanás e dos demônios. Amém.
Glória ao Pai. Pai-Nosso. Três Ave-Marias.

Sexta saudação: Pela intercessão de São Miguel e do coro admirável das virtudes, que o Senhor não nos deixe cair em tentação, mas nos livre de todo o mal. Amém.
Glória ao Pai. Pai-Nosso. Três Ave-Marias.

Sétima saudação: Pela intercessão de São Miguel e do coro celeste dos principados, que o Senhor encha nossas almas do espírito de uma verdadeira e sincera obediência. Amém.
Glória ao Pai. Pai-Nosso. Três Ave-Marias.

Oitava saudação: Pela intercessão de São Miguel e do coro celeste dos arcanjos, que o Senhor nos conceda o dom da perseverança na fé e nas boas obras, a fim de que possamos chegar a possuir a glória do Paraíso. Amém.
Glória ao Pai. Pai-Nosso. Três Ave-Marias.

Nona saudação: Pela intercessão de São Miguel e do coro celeste de todos os anjos, que sejamos guardados por eles nesta vida mortal, para sermos conduzidos por eles à glória eterna do Céu. Amém.
Glória ao Pai. Pai-Nosso. Três Ave-Marias.

Reza-se quatro vezes o Pai-Nosso, em honra de São Miguel, São Gabriel, São Rafael e do seu anjo da guarda.

Antífona: Gloriosíssimo São Miguel, chefe e príncipe dos exércitos celestes, fiel guardião das almas, vencedor dos espíritos rebeldes, amado da casa de Deus, nosso admirável guia depois de Cristo, vós, cuja excelência e virtudes são eminentíssimas, dignai-vos livrar-nos de todos os males, nós todos que recorremos a vós com confiança, e fazei, pela vossa incomparável proteção, que nos adiantemos cada dia mais na fidelidade em servir a Deus. Amém.

V – Rogai por nós, ó bem-aventurado São Miguel, príncipe da Igreja de Cristo.
R – Para que sejamos dignos de suas promessas.

Oração: Deus, todo-poderoso e eterno, que por um prodígio de bondade e misericórdia para a salvação dos homens escolhestes para príncipe de vossa Igreja o gloriosíssimo arcanjo São Miguel, tornai-nos dignos, nós vo-lo pedimos, de sermos preservados de todos os nossos inimigos, a fim de que na hora da nossa morte nenhum deles nos possa inquietar, mas que nos seja dado sermos introduzidos por ele na presença da vossa poderosa e augusta Majestade. Pelos merecimentos de Jesus Cristo, Nosso Senhor. Amém.

Súplica ardente aos anjos

Deus Uno e Trino, Onipotente e Eterno! Antes de recorrermos aos vossos servos, os santos anjos, prostramo-nos na vossa presença e Vos adoramos: Pai, Filho e Espírito Santo. Bendito e louvado sejais por toda a eternidade! Deus Santo, Deus Forte, Deus Imortal, que todos os anjos e homens, que por Vós foram criados, Vos adorem, Vos amem e permaneçam no vosso serviço!

E vós, Maria, Rainha de todos os anjos, aceitai benignamente as súplicas que dirigimos aos vossos servos; apresentai as ao Altíssimo. Vós que sois a medianeira de todas as graças e a onipotência suplicante a fim de obtermos graça, salvação e auxílio. Amém.

Poderosos santos anjos, que por Deus nos fostes concedidos para nossa proteção e auxílio, em nome da Santíssima Trindade nós vos suplicamos: Vinde depressa, socorrei-nos!

Nós suplicamos em nome do Preciosíssimo Sangue de Nosso Senhor Jesus Cristo: Vinde depressa, socorrei-nos!

Nós vos suplicamos pelo Poderosíssimo Nome de Jesus: Vinde depressa, socorrei-nos!

Nós vos suplicamos por todas as chagas de Nosso Senhor Jesus Cristo: Vinde depressa, socorrei-nos!

Nós vos suplicamos por todos os martírios de Nosso Senhor Jesus Cristo: Vinde depressa, socorrei-nos!

Nós vos suplicamos pela Palavra Santa de Deus: Vinde depressa, socorrei-nos!

Nós vos suplicamos pelo Coração de Nosso Senhor Jesus Cristo: Vinde depressa, socorrei-nos!

Nós vos suplicamos em nome do amor que Deus tem por nós, pobres: Vinde depressa, socorrei-nos!

Nós vos suplicamos em nome da fidelidade de Deus por nós, pobres: Vinde depressa, socorrei-nos!

Nós vos suplicamos em nome da misericórdia de Deus por nós, pobres: Vinde depressa, socorrei-nos!

Nós vos suplicamos em nome de Maria, Mãe de Deus e nossa Mãe: Vinde depressa, socorrei-nos!

Nós vos suplicamos em nome de Maria, Rainha do Céu e da Terra: Vinde depressa, socorrei-nos!

Nós vos suplicamos em nome de Maria, vossa Rainha e Senhora: Vinde depressa, socorrei-nos!

Nós vos suplicamos pela vossa própria bem-aventurança: Vinde depressa, socorrei-nos!

Nós vos suplicamos pela vossa própria fidelidade: Vinde depressa, socorrei-nos!

Nós vos suplicamos pela vossa luta na defesa do Reino de Deus: Vinde depressa, socorrei-nos!

Nós vos suplicamos: Protegei-nos com o vosso escudo!

Nós vos suplicamos: Defendei-nos com a vossa espada!

Nós vos suplicamos: Iluminai-nos com a vossa luz!

Nós vos suplicamos: Salvai-nos sob o manto protetor de Maria!

Nós vos suplicamos: Guardai-nos no Coração de Maria!

Nós vos suplicamos: Confiai-nos às mãos de Maria!

Nós vos suplicamos: Mostrai-nos o caminho que conduz à Porta da Vida, o Coração aberto de Nosso Senhor!
Nós vos suplicamos: Guiai-nos com segurança à Casa do Pai Celestial!
Todos vós, nove coros dos Espíritos bem-aventurados: Vinde depressa, socorrei-nos!
Nossos companheiros especiais e enviados por Deus: Vinde depressa, socorrei-nos!
Insistentemente vos suplicamos: Vinde depressa, socorrei-nos!
O Sangue Preciosíssimo de Nosso Senhor e Rei foi derramado por nós, pobres.
Insistentemente vos suplicamos: Vinde depressa, socorrei-nos!
O Coração de Nosso Senhor e Rei bate por amor de nós, pobres.
Insistentemente vos suplicamos: Vinde depressa, socorrei-nos!
O Coração Imaculado de Maria, Virgem puríssima e vossa Rainha, bate por amor de nós, pobres.
Insistentemente vos suplicamos: Vinde depressa, socorrei-nos!
São Miguel Arcanjo: Vós, príncipe dos exércitos celestes, vencedor do dragão infernal, recebestes de Deus força e poder para aniquilar, pela humildade, a soberba do príncipe das trevas. Insistentemente vos suplicamos que nos alcanceis de Deus a verdadeira humildade de coração, uma fidelidade inabalável no cumprimento contínuo da vontade de Deus e uma grande fortaleza no sofrimento e na penúria.

Ao comparecermos perante o tribunal de Deus, socorrei-nos para que não desfaleçamos!

São Gabriel Arcanjo: Vós, Anjo da Encarnação, Mensageiro fiel de Deus, abri os nossos ouvidos para que possam captar até as mais suaves sugestões e apelos da graça emanados do Coração amabilíssimo de Nosso Senhor. Nós vos suplicamos que fiqueis sempre junto de nós, para que compreendamos bem o que a Palavra de Deus quer de nós. Fazei que estejamos sempre disponíveis e vigilantes. Que o Senhor, quando vier, não nos encontre dormindo!

São Rafael Arcanjo: Vós que sois lança e bálsamo do amor divino, nós vos suplicamos, feri o nosso coração e depositai nele um amor ardente a Deus. Que a ferida não se apague nele, para que nos faça perseverar todos os dias no caminho do amor. Que tudo vençamos pelo amor!

Anjos poderosos e nossos irmãos santos que servis diante do trono de Deus: Vinde em nosso auxílio.

Defendei-nos de nós próprios, da nossa covardia e tibieza, do nosso egoísmo e ambição, da nossa inveja e falta de confiança, da nossa avidez na busca de abundância, bem-estar e estima pública.

Desatai em nós as algemas do pecado e do apego às coisas terrenas. Tirai dos nossos olhos as vendas que nós mesmos lhes pusemos e que nos impedem de ver as necessidades do nosso próximo e a miséria do nosso ambiente, porque nos fechamos numa mórbida complacência de nós mesmos.

Cravai no nosso coração o aguilhão da santa ansiedade por Deus, para que não cessemos de procurá-Lo com ardor, contrição e amor.

Contemplai o Sangue do Senhor derramado por nossa causa!

Contemplai as lágrimas da vossa Rainha, choradas por nossa causa!

Contemplai em nós a imagem de Deus, desfigurada por nossos pecados, que Ele por amor imprimiu em nossa alma!

Auxiliai-nos a reconhecer Deus, a adorá-Lo, amá-Lo e servi-Lo! Auxiliai-nos na luta contra o poder das trevas que, disfarçadamente, nos envolve e aflige.

Auxiliai-nos, para que nenhum de nós se perca, permitindo assim que um dia nos reunamos todos, jubilosamente, na eterna Bem-Aventurança. Amém.

São Miguel, assisti-nos com vossos santos anjos, ajudai--nos e rogai por nós!

São Gabriel, assisti-nos com vossos santos anjos, ajudai--nos e rogai por nós!

São Rafael, assisti-nos com vossos santos anjos, ajudai--nos e rogai por nós!

Ó Deus, que organizais de modo admirável o serviço dos anjos e dos homens, fazei que sejamos protegidos na Terra por aqueles que vos servem no Céu. Por Nosso Senhor Jesus Cristo, vosso Filho, na unidade do Espírito Santo. Amém.

Ladainha dos santos anjos

Senhor, tende piedade de nós.
Cristo, tende piedade de nós.
Senhor, tende piedade de nós.
Cristo, ouvi-nos.

Cristo, atendei-nos.
Deus Pai, Criador dos Anjos, tende piedade.
Deus Filho, Senhor dos Anjos, tende piedade.
Deus Espírito Santo, Vida dos Anjos, tende piedade.
Santíssima Trindade, delícia de todos os anjos, tende piedade.
Santa Maria, rogai por nós.
Rainha dos Anjos, rogai por nós.
Todos os coros dos Espíritos bem-aventurados, rogai por nós.
Santos serafins, anjos de Amor, rogai por nós.
Santos querubins, anjos do Verbo, rogai por nós.
Santos tronos, anjos da Vida, rogai por nós.
Santos anjos de adoração, rogai por nós.
Santas dominações, rogai por nós.
Santas potestades, rogai por nós.
Santos principados, rogai por nós.
Santas virtudes, rogai por nós.
Santos arcanjos, rogai por nós.
Santos anjos, rogai por nós.
São Miguel Arcanjo, vencedor de Lúcifer, anjo da fé e da humildade, anjo da santa unção, patrono dos moribundos, príncipe dos exércitos celestes, companheiro das almas dos defuntos, rogai por nós.

Ladainha de São Miguel

Senhor, tende piedade de nós.
Jesus Cristo, tende piedade de nós.

Senhor, tende piedade de nós.
Jesus Cristo, ouvi-nos.
Jesus Cristo, atendei-nos.
Pai Celeste, que sois Deus, tende piedade de nós.
Filho Redentor do mundo, que sois Deus, tende piedade de nós.
Espírito Santo, que sois Deus, tende piedade de nós.
Trindade Santa, que sois um único Deus, tende piedade de nós.
Santa Maria, Rainha dos Anjos, rogai por nós.

São Miguel, rogai por nós.
São Miguel, cheio da graça de Deus, rogai por nós.
São Miguel, perfeito adorador do Verbo Divino, rogai por nós.
São Miguel, coroado de honra e de glória, rogai por nós.
São Miguel, poderosíssimo príncipe dos exércitos do Senhor, rogai por nós.
São Miguel, porta-estandarte da Santíssima Trindade, rogai por nós.
São Miguel, guardião do Paraíso, rogai por nós.
São Miguel, guia e consolador do povo israelita, rogai por nós.
São Miguel, esplendor e fortaleza da Igreja militante, rogai por nós.
São Miguel, honra e alegria da Igreja triunfante, rogai por nós.
São Miguel, luz dos anjos, rogai por nós.
São Miguel, baluarte dos cristãos, rogai por nós.

São Miguel, força daqueles que combatem pelo estandarte da cruz, rogai por nós.
São Miguel, luz e confiança das almas no último momento da vida, rogai por nós.
São Miguel, socorro muito certo, rogai por nós.
São Miguel, nosso auxílio em todas as adversidades, rogai por nós.
São Miguel, arauto da sentença eterna, rogai por nós.
São Miguel, consolador das almas que estão no purgatório, rogai por nós.
São Miguel, a quem o Senhor incumbiu de receber as almas que estão no purgatório, rogai por nós.
São Miguel, nosso príncipe, rogai por nós.
São Miguel, nosso advogado, rogai por nós.

Cordeiro de Deus, que tirais o pecado do mundo, perdoai-nos, Senhor.
Cordeiro de Deus, que tirais o pecado do mundo, ouvi-nos, Senhor.
Cordeiro de Deus, que tirais o pecado do mundo, tende piedade de nós, Senhor.

Consagração a São Miguel

Gloriosíssimo príncipe das hierarquias angélicas, valente arauto do Deus Altíssimo, zeloso campeão da glória do Senhor, terror dos anjos rebeldes, amor e delícia dos anjos fiéis, meu diletíssimo arcanjo São Miguel, desejando pertencer ao número dos vossos devotos e servos, hoje me ofereço a vós, dou-me e consagro-me a vós. Coloco a minha pessoa, a minha família e os meus bens sob a vossa potentíssima proteção. É muito pouca coisa a oferta que vos faço, sendo eu um miserável pecador, mas não duvido que vós quereis aumentar o fervor no meu coração e proteger aquele que a vós recorre. Recordai aquele que hoje se coloca sob o vosso patrocínio e de hoje em diante protegei-me, assisti-me em todas as dificuldades da minha existência terrena, alcançai--me o perdão dos meus muitos e graves pecados, a graça de amar de todo o coração o meu Deus, o meu doce Salvador Jesus e a minha doce Mãe, Maria, e impetrar-me os auxílios necessários para obter a coroa da glória. Defendei a minha alma contra todos os seus inimigos e, quando chegar a hora de deixar este mundo, vinde então, príncipe gloriosíssimo, assistir-me na luta final, e que o vosso gládio potente afaste para longe, para os abismos da morte e do inferno, o anjo apóstata e soberbo que derrotastes em combate no Céu. Amém.

Orações a São José e Nossa Senhora

Terço de São José

Nas contas grandes do terço:
Meu glorioso São José, nas vossas maiores aflições e tribulações, não vos valeu o anjo do Senhor? Valei-me, São José!

Nas contas pequenas do terço:
Valei-me, São José.

Ao final, reze este oferecimento:
A vós, glorioso São José, ofereço este terço em louvor e glória de Jesus e Maria, para que seja minha luz e guia, minha proteção e defesa, minha fortaleza e alegria em todos os meus trabalhos e tribulações, principalmente na hora da agonia.

Pelo nome de Jesus, pela glória de Maria, imploro o vosso poderoso patrocínio, para que me alcanceis a graça que tanto desejo. Falai em meu favor, advogai a minha causa no Céu e na Terra, alegrai a minha alma para honra de Jesus, de Maria e vossa. Amém.

Oração do papa Francisco a São José

Salve, guardião do Redentor e esposo da Virgem Maria! A vós, Deus confiou o seu Filho; em vós, Maria depositou a sua confiança; convosco, Cristo tornou-se homem.

Ó Bem-aventurado José, mostrai-vos pai também para nós e guiai-nos no caminho da vida. Alcançai-nos graça, misericórdia e coragem, e defendei-nos de todo o mal. Amém.

Ladainha de São José

Senhor, tende piedade de nós.

V – Jesus Cristo, tende piedade de nós.
R – Senhor, tende piedade de nós.

V – Jesus Cristo, ouvi-nos.
R – Jesus Cristo, atendei-nos.

Deus, Pai dos Céus, tende piedade de nós.
Deus Filho, Redentor do mundo,
Deus Espírito Santo,
Santíssima Trindade, que sois um só Deus,

Santa Maria, rogai por nós.
São José,
Ilustre filho de Davi,
Luz dos Patriarcas,
Esposo da Mãe de Deus,
Casto guarda da Virgem,
Sustentador do Filho de Deus,
Zeloso defensor de Jesus Cristo,
Chefe da Sagrada Família,
José justíssimo,
José castíssimo,
José prudentíssimo,
José fortíssimo,
José obedientíssimo,
José fidelíssimo,
Espelho de paciência,
Amante da pobreza,
Modelo dos operários,
Honra da vida de família,
Guarda das virgens,
Sustentáculo das famílias,

Alívio dos miseráveis,
Esperança dos doentes,
Patrono dos moribundos,
Terror dos demônios,
Protetor da Santa Igreja,

V – Cordeiro de Deus, que tirais os pecados do mundo,
R – Perdoai-nos, Senhor.

V – Cordeiro de Deus, que tirais os pecados do mundo,
R – Atendei-nos, Senhor.

V – Cordeiro de Deus, que tirais os pecados do mundo,
R – Tende piedade de nós.

V – Ele constituiu-o senhor da sua casa.
R – E fê-lo príncipe de todos os seus bens.

Oremos: Ó Deus, que por inefável providência Vos dignastes escolher a São José por esposo de vossa Mãe Santíssima, concedei-nos, Vo-lo pedimos, que mereçamos ter por intercessor no Céu, aquele que veneramos na Terra como protetor. Vós que viveis e reinais por todos os séculos dos séculos. Amém.

Consagração a São José

Ó glorioso São José, que Deus escolheu para pai adotivo de Jesus, para esposo puríssimo da Virgem Maria e chefe da

Sagrada Família, e que o Sumo Pontífice declarou Padroeiro e Protetor da Igreja Católica Apostólica Romana, fundada por Jesus Cristo, eu recorro a vós neste momento e imploro, com a maior confiança, o vosso poderoso auxílio para toda a Igreja militante.

Protegei especialmente, com o vosso amor verdadeiramente paternal, o Vigário de Cristo e todos os bispos e sacerdotes, unidos à Santa Sé de Pedro.

Defendei os que trabalham pela salvação das almas, entre as angústias e tribulações desta vida, e fazei que todos os povos da Terra se sujeitem docilmente à Igreja, que é o meio de salvação necessário para todos.

Dignai-vos também, meu querido São José, aceitar a consagração que vos faço de mim mesmo. Eu me ofereço todo(a) a vós, para que sejais sempre o meu pai, o meu protetor e o meu guia no caminho da salvação. Alcançai-me uma grande pureza de coração e um amor ardente à vida interior.

Fazei que, seguindo o vosso exemplo, todas as minhas obras sejam dirigidas para a maior glória de Deus, em união com o Coração Divino de Jesus, com o Coração Imaculado de Maria, e convosco. Amém.

Consagração a Nossa Senhora

Ó Senhora minha, ó minha Mãe, eu me ofereço todo(a) a vós, e, em prova da minha devoção para convosco, vos consagro neste dia e para sempre, os meus olhos, os meus ouvidos, a minha boca, o meu coração e inteiramente todo o meu ser. E porque assim sou vosso(a), ó incomparável Mãe, guardai-me e defendei-me como coisa e propriedade vossa. Lembrai-vos que vos pertenço, terna Mãe, Senhora nossa. Ah, guardai-me e defendei-me como coisa própria vossa.

SALMOS PARA O COMBATE ESPIRITUAL

A seguir, incluo alguns salmos que são importantes no tema da defesa espiritual, divididos segundo dois propósitos.

Salmos para que Deus livre a pessoa de um ataque, de uma situação que a aprisiona ou de uma perseguição

Salmo 7
Javé, o justo juiz

1. Lamentação. De Davi. Ele a cantou para Javé, a propósito de Cuch, o benjaminita.
2. Javé, meu Deus, eu me abrigo em ti! Salva-me dos meus perseguidores todos! Liberta-me!
3. Que não me apanhem, como um leão, e me estraçalhem, e ninguém me liberte!
4. Javé, meu Deus, se eu fiz alguma coisa... se cometi alguma injustiça,
5. se paguei com o mal a quem me fez o bem, se poupei sem razão a quem me oprimiu,
6. que o inimigo me persiga e alcance! Que me pisoteie vivo por terra e aperte o meu ventre contra a poeira!

7. Levanta-te, Javé, com tua ira! Ergue-te contra o abuso dos meus opressores! Acorda, meu Deus! Decreta um julgamento!
8. Que a assembleia dos povos te cerque; assenta-te sobre ela, no mais alto.
9. Javé é o juiz dos povos. – Julga-me, Javé, conforme a minha justiça, e segundo a minha inocência.
10. Põe fim à maldade dos injustos e apoia o justo, pois tu sondas corações e rins, ó Deus justo!
11. Quem me protege é Deus, que salva os corações retos.
12. Deus é um justo juiz. Deus ameaça a cada dia.
13. Se não se convertem, ele afia a espada, estica o arco e aponta;
14. prepara suas armas que matam, aponta suas flechas de fogo.
15. Vejam: o injusto concebeu a injustiça, está prenhe de ganância e dá à luz a mentira.
16. Ele cava e aprofunda um buraco, e acaba caindo na cova que fez!
17. Sua ganância se volta contra ele, sua violência lhe recai na cabeça!
18. Eu agradeço a Javé por sua justiça, e canto ao nome de Javé Altíssimo.

Salmo 23 (22)
Deus hospeda o perseguido

1. *Salmo. De Davi.* Javé é o meu pastor. Nada me falta.

2. Em verdes pastagens me faz repousar; para fontes tranquilas me conduz,
3. e restaura minhas forças. Ele me guia por bons caminhos, por causa do seu nome.
4. Embora eu caminhe por um vale tenebroso, nenhum mal temerei, pois junto a mim estás; teu bastão e teu cajado me deixam tranquilo.
5. Diante de mim preparas a mesa, à frente dos meus opressores; unges minha cabeça com óleo, e minha taça transborda.
6. Sim, felicidade e amor me acompanham todos os dias da minha vida. Minha morada é a casa de Javé, por dias sem fim.

Salmo 35 (34)
Deus restaura a honra do inocente

1. *De Davi.* Javé, acusa meus acusadores, combate os que me combatem!
2. Toma a armadura e o escudo e levanta-te em meu socorro!
3. Maneja a espada e o machado contra os meus perseguidores! Dize à minha alma: "Eu sou a tua salvação!"
4. Fiquem envergonhados e arruinados os que buscam tirar-me a vida! Voltem-se para trás e sejam confundidos os que planejam o mal contra mim!
5. Sejam como palha frente ao vento, quando o anjo de Javé os empurrar!

6. Que o caminho deles seja escuro e deslizante, quando o anjo de Javé os perseguir!
7. Sem motivo estenderam a sua rede contra mim, e abriram para mim uma cova.
8. Caia sobre eles um desastre imprevisto! Sejam apanhados na rede que estenderam, caiam eles dentro da cova!
9. Minha alma exultará em Javé, e se alegrará com a sua salvação.
10. Todo o meu ser dirá: "Javé, quem é igual a ti para livrar o fraco do mais forte, e o pobre e indigente do seu explorador?"
11. Levantaram-se testemunhas falsas e me interrogaram sobre o que nem sei.
12. Pagaram o mal pelo bem e me deixaram desamparado.
13. Quanto a mim, quando eles estavam doentes, eu me vestia com pano de saco, me humilhava com jejum e por dentro repetia a minha oração.
14. Como por um amigo, um irmão, eu ia e vinha, cabisbaixo e triste, como de luto por minha mãe.
15. E quando eu tropecei, eles se alegraram, se reuniram contra mim e me atacaram de surpresa. Dilaceravam-me sem parar,
16. cruelmente zombavam de mim, rangendo os dentes de ódio.
17. Javé, quando verás isso? Defende minha vida diante dos que rugem; defende desses leõezinhos o meu único bem.

18. Eu te agradecerei na grande assembleia, eu te louvarei entre a multidão do povo.
19. Que não se alegrem à minha custa meus inimigos traidores. Que não pisquem os olhos aqueles que me odeiam sem motivo!
20. Pois eles nunca falam de paz: contra os pacíficos da terra eles planejam calúnias.
21. Escancaram contra mim a sua boca, dizendo com desprezo: "Nós o vimos com nossos olhos!"
22. Viste isso, Javé! Não te cales! Javé, não fiques longe de mim!
23. Desperta! Levanta-te pelo meu direito, por minha causa, meu Senhor e meu Deus!
24. Julga-me segundo a tua justiça, Javé, meu Deus. Que eles não se alegrem à minha custa!
25. Que não pensem: "Viva a nossa garganta!" Que não digam: "Nós o engolimos!"
26. Fiquem envergonhados e frustrados os que se alegram com a minha desgraça! Fiquem cobertos de vergonha e confusão os que se engrandecem à minha custa.
27. Cantem e fiquem alegres os que desejam a minha justiça, e repitam sempre: "Javé é grande! Ele deseja a paz para o seu servo!"
28. E a minha língua proclamará a tua justiça, e o dia todo o teu louvor!

Salmo 71 (70)
Ó Deus, quem é igual a ti?

1. Javé, eu me abrigo em ti: que eu nunca fique envergonhado!
2. Salva-me, por tua justiça! Liberta-me! Inclina depressa o teu ouvido para mim!
3. Sejas tu a minha rocha de refúgio, a fortaleza onde eu me salve, pois o meu rochedo e fortaleza és tu!
4. Meu Deus, liberta-me da mão do injusto, do punho do criminoso e do violento;
5. pois tu, Senhor, és a minha esperança e a minha confiança, desde a minha juventude.
6. Já no ventre materno eu me apoiava em ti, e no seio materno tu me sustentavas. Eu sempre confiei em ti.
7. Muitos olhavam para mim como para um prodígio, porque eras tu o meu abrigo seguro.
8. Minha boca está cheia do teu louvor e do teu esplendor o dia todo.
9. Não me rejeites agora que estou na velhice, não me abandones quando me faltam as forças,
10. porque meus inimigos falam de mim, juntos planejam os que espreitam minha vida:
11. "Deus o abandonou. Podem persegui-lo e agarrá-lo, que ninguém o salvará!"
12. Ó Deus, não fiques longe de mim! Meu Deus, vem depressa me socorrer.
13. Fiquem envergonhados e arruinados aqueles que

perseguem a minha vida. Fiquem cobertos de ultraje e desonra os que buscam o mal contra mim.
14. Quanto a mim, fico a esperar, continuando o teu louvor.
15. Minha boca vai contar a tua justiça, e o dia todo a tua salvação.
16. Contarei as tuas proezas, Senhor Javé, vou narrar a tua vitória, toda tua!
17. Ó Deus, tu me instruíste desde a minha juventude, e até hoje eu anuncio as tuas maravilhas.
18. Agora que estou velho e de cabelos brancos, não me abandones, ó Deus, até que eu descreva o teu braço à geração futura,
19. tuas proezas e tuas sublimes vitórias, as façanhas que realizaste. Ó Deus, quem é igual a ti?
20. Tu me fizeste passar por angústias profundas e numerosas.
Agora voltarás para dar-me a vida, e me farás subir da terra profunda.
21. Aumentarás a minha grandeza, e de novo me consolarás.
22. Quanto a mim, vou celebrar-te com a harpa, por tua fidelidade, meu Deus! Vou tocar cítara em tua honra, ó Santo de Israel.
23. Meus lábios te aclamarão, e também minha alma, que resgataste.
24. Minha língua o dia todo repetirá a tua justiça, pois ficaram envergonhados e confundidos aqueles que buscavam o mal contra mim!

Salmo 91 (90)
O justo confia em Deus

1. Você, que habita ao amparo do Altíssimo e vive à sombra do Onipotente,
2. diga a Javé: "Meu refúgio, minha fortaleza, meu Deus, eu confio em ti!"
3. Ele livrará você do laço do caçador e da peste destruidora.
4. Ele o cobrirá com suas penas, e debaixo de suas asas você se refugiará. O braço dele é escudo e armadura.
5. Você não temerá o terror da noite, nem a flecha que voa de dia,
6. nem a epidemia que caminha nas trevas, nem a peste que devasta ao meio-dia.
7. Caiam mil ao seu lado e dez mil à sua direita, a você nada atingirá.
8. Basta que você olhe com seus próprios olhos, para ver o salário dos injustos,
9. porque você fez de Javé o seu refúgio e tomou o Altíssimo como defensor.
10. A desgraça jamais o atingirá, e praga nenhuma vai chegar à sua tenda,
11. pois ele ordenou aos seus anjos que guardem você em seus caminhos.
12. Eles o levarão nas mãos, para que seu pé não tropece numa pedra.
13. Você caminhará sobre cobras e víboras, e pisará leões e dragões.

14. "Eu o livrarei, porque a mim se apegou. Eu o protegerei, pois conhece o meu nome. Ele me invocará, e eu responderei.
15. Na angústia estarei com ele. Eu o livrarei e glorificarei.
16. Vou saciá-lo de longos dias e lhe farei ver a minha salvação."

Salmo 141 (140)
A tentação do justo

1. *Salmo. De Davi.* Javé, eu te chamo, socorre-me depressa! Ouve a minha voz quando eu clamo para ti!
2. Suba a minha prece como incenso à tua presença, minhas mãos erguidas como oferta vespertina!
3. Javé, coloca em minha boca uma guarda, uma sentinela à porta dos meus lábios.
4. Impede meu coração de se inclinar para o mal, de cometer crimes junto com os malfeitores. Não vou participar de seus banquetes!
5. Que o justo me bata, que o bom me corrija. Que o óleo do injusto não me perfume a cabeça, pois eu iria me comprometer com suas maldades.
6. Seus chefes caíram, despencando-se, embora ouvissem as minhas palavras amáveis.
7. Como pedra de moinho, rebentada por terra, nossos ossos estão espalhados junto à boca do túmulo.
8. Para ti, Javé, eu elevo os meus olhos, eu me refugio em ti, não me deixes indefeso.

9. Guarda-me das armadilhas que prepararam para mim, e das ciladas dos malfeitores.
10. Caiam os injustos em suas próprias redes, enquanto eu escapo, em liberdade!

Salmo 142 (141)
A persistência do justo

1. *Poema. De Davi. Quando estava na caverna. Prece.*
2. Gritando para Javé, eu imploro! Gritando para Javé, eu suplico!
3. Derramo à frente dele o meu lamento, diante dele exponho a minha angústia,
4. enquanto o meu alento desfalece. Tu, porém, conheces o meu caminho, e foi no caminho por onde eu ando que eles me prepararam uma armadilha.
5. Olha para a direita e vê: ninguém mais me reconhece, nenhum lugar de refúgio, ninguém que olhe por mim!
6. Eu grito para ti, Javé, e digo: "Tu és o meu refúgio, a minha parte na terra da vida."
7. Presta atenção ao meu clamor, pois já estou esgotado. Livra-me dos meus perseguidores, pois são mais fortes do que eu!
8. Faze-me sair da minha prisão, para que eu agradeça ao teu nome! Os justos se ajuntarão ao meu redor, por causa do bem que tu me fizeste.

Salmos para os que necessitam de justiça, de cura e libertação

Salmo 9
O pobre não ficará frustrado

1. *Do mestre de canto. Para oboé e harpa. Salmo. De Davi.*
2. Javé, eu te agradeço de todo o coração, proclamando todas as tuas maravilhas!
3. Eu me alegro e exulto em ti, e toco ao teu nome, ó Altíssimo!
4. Meus inimigos voltam atrás, tropeçam e somem da tua presença.
5. Porque defendeste a minha causa e direito: sentaste em teu trono de justo juiz.
6. Ameaçaste as nações, destruíste o injusto, para todo o sempre apagaste o nome dele.
7. O inimigo acabou em ruínas para sempre, arrasaste as cidades, e a lembrança dele sumiu.
8. Eis que Javé sentou-se para sempre, firmou o seu trono para o julgamento.
9. Ele julga o mundo com justiça e governa os povos com retidão.
10. Que Javé seja fortaleza para o oprimido, fortaleza nos tempos de angústia.
11. Em ti confiam os que conhecem o teu nome, pois não abandonas os que te procuram, Javé.
12. Toquem para Javé, que habita em Sião; contem entre os povos as suas façanhas:

13. ele vinga o sangue derramado, ele se lembra, e não se esquece jamais do clamor dos pobres.
14. Piedade, Javé! Olha a minha aflição! Levanta-me das portas da morte,
15. para que eu proclame os teus louvores, e exulte com a tua salvação junto às portas da capital de Sião!
16. Os povos caíram na cova que fizeram, no laço que ocultaram prenderam o pé.
17. Javé apareceu fazendo justiça, apanhou o injusto em sua manobra.
18. Que os injustos voltem ao túmulo, os povos todos que se esquecem de Deus!
19. Pois o indigente não será esquecido para sempre, e a esperança dos pobres jamais se frustrará.
20. Levanta-te, Javé, que o mortal não triunfe! Que os povos sejam julgados na tua presença!
21. Infunde neles o medo, Javé: saibam os povos que são homens mortais!

Salmo 37 (36)
A esperança depende da perseverança

1. *De Davi*. Não se irrite por causa dos maus, nem tenha inveja dos injustos.
2. Eles são como erva: secam depressa, murcham logo como a relva.
3. Confie em Javé e pratique o bem, habite na terra e viva tranquilo.

4. Coloque em Javé o seu prazer, e ele dará o que seu coração deseja.
5. Entregue seu caminho a Javé, nele confie, e ele agirá.
6. Ele manifestará a justiça de você como o amanhecer e seu direito como o meio-dia.
7. Descanse em Javé e nele espere, não se irrite com os que triunfam, com o homem que usa de intrigas.
8. Deixe a ira, abandone o furor, não se irrite: você só faria o mal.
9. Porque os maus vão ser excluídos, e os que esperam em Javé possuirão a terra.
10. Mais um pouco, e não haverá mais injusto; você buscará o lugar deles, e não existirá.
11. Mas os pobres vão possuir a terra e deleitar-se com paz abundante.
12. O injusto faz intrigas contra o justo, e contra ele range os dentes.
13. Mas o Senhor ri às custas do injusto, pois vê que o dia dele vem chegando.
14. Os injustos desembainham a espada e retesam o arco para matar o pobre e o indigente, para assassinar o homem reto;
15. mas a espada lhes atravessará o coração, e seus arcos se quebrarão.
16. Vale mais o pouco do justo que a riqueza de muitos injustos,
17. porque os braços do injusto serão quebrados, enquanto o apoio dos justos é Javé.

18. Javé conhece os dias dos íntegros, e a herança deles permanece para sempre;
19. não se envergonharão nos dias da seca, e nos dias da fome ficarão saciados.
20. Sim, os injustos vão perecer, os inimigos de Javé vão murchar como a beleza dos prados, vão desfazer-se como fumaça.
21. O injusto toma emprestado e não devolve, mas o justo se compadece e dá.
22. Os que ele abençoar possuirão a terra, e os que ele amaldiçoar serão excluídos.
23. Javé garante os passos do homem, e se compraz com o caminho dele.
24. Quando tropeça, não chega a cair, porque Javé o sustenta pela mão.
25. Fui jovem e já estou velho, mas nunca vi um justo abandonado, nem sua descendência mendigando pão.
26. O dia todo ele se compadece e empresta, e sua descendência é uma bênção.
27. Evite o mal e pratique o bem, e você terá uma casa para sempre,
28. porque Javé ama o direito e jamais abandona seus fiéis. Os malfeitores serão para sempre destruídos, e a descendência dos injustos será eliminada.
29. Os justos vão possuir a terra, e nela habitarão para sempre.
30. A boca do justo fala com sabedoria, e sua língua explica o direito,

31. pois ele tem no coração a lei do seu Deus, e seus passos nunca vacilam.
32. O injusto espreita o justo e procura levá-lo à morte.
33. Javé, porém, não o entrega nas mãos do injusto e no julgamento não deixa que o condene.
34. Espere em Javé e observe o seu caminho; ele exaltará você, para que possua a terra, e você verá os injustos eliminados.
35. Eu vi um injusto cheio de poder, que prosperava como cedro frondoso.
36. Voltei a passar, e não existia mais; procurei-o, e não foi encontrado.
37. Observe o íntegro, veja o homem direito: existe uma posteridade para o homem pacífico.
38. Mas os transgressores serão todos destruídos, e a descendência dos injustos será cortada.
39. A salvação dos justos vem de Javé, que é fortaleza para eles no tempo da angústia.
40. Javé os ajuda e liberta; vai livrá-los dos injustos e salvá-los, porque os justos nele se abrigam.

Salmo 70 (69)
Deus defende os pobres

1. *Do mestre de canto. De Davi. Para comemoração.*
2. Ó Deus, por favor, liberta-me! Javé, vem depressa me socorrer.
3. Fiquem envergonhados e confundidos aqueles que

buscam perder a minha vida! Recuem e fiquem envergonhados, os que tramam a minha desgraça!
4. Retirem-se, cheios de vergonha, os que se riem de mim.
5. Exultem e alegrem-se contigo todos os que te buscam. Os que amam a tua salvação repitam sempre: "Deus é grande!"
6. Quanto a mim, sou pobre e indigente. Ó Deus, vem depressa! Tu és o meu auxílio e salvação. Javé, não demores!

Conclusão

*A*pós a leitura deste livro, tenho certeza de que você estará mais atento aos seres – de carne e osso ou espirituais – que desejam influenciar negativamente sua mente e sua alma, criando dificuldades e problemas de toda sorte. Ser vigilante é um bom começo, mas não é o suficiente para afastar as mais diversas ameaças.

Conhecer a teoria é, sem dúvida, importante, mas o que pode criar um cinturão de defesa ao redor de você e de sua família é a prática, não de um exercício ou instrumento isolado, mas do sistema de defesa espiritual que proponho aqui. Por isso, recomendo a você que se utilize do maior número possível de armas expostas neste livro.

Ninguém aprende uma nova habilidade da noite para o dia. Com a defesa espiritual, não é diferente. Vivemos em uma época em que o ser humano busca satisfação e prazer imediatos. Quando demora um pouco mais do que gostaria para encontrar gratificação por algo que fez ou deixou de fazer, viu ou ouviu, seja em que ramo do conhecimento for, abandona por completo a atividade ou empreitada. Com a defesa espiritual isso não funciona. Não há aqui prazer ou gratificação instantânea, como se costuma encontrar em vídeos do TikTok e fotos do Instagram.

Sem trabalho duro, sua defesa espiritual e psíquica será débil, e você será presa fácil para o maligno. Então, aconselho você a ser persistente e constante no uso das técnicas. A paciência é essencial. Com o tempo e a prática, virá a expertise. Os resultados positivos dos sacramentais, orações e devoções talvez até surjam de imediato, pois a graça de Deus tudo pode, mas prefiro apostar no longo prazo.

O combate espiritual e psíquico não se resume a uma única batalha. Livrar-se de uma ameaça ou um ataque é um processo, que envolve, portanto, diversos atos. É uma luta constante e incessante. Por isso, dividi o livro em capítulos com armas distintas, para que você possa, de acordo com sua necessidade, fazer uma consulta rápida e aplicá-las de imediato, afastando ou contendo o avanço do inimigo.

Enfim, o que você tem em mãos é um manual de defesa espiritual e psíquica que será consultado e aplicado muitas vezes na vida. Para que todos entendam o que estou falando: no momento em que escrevo este livro, tenho trinta anos de missão junto ao povo de Deus e até hoje enfrento essas provações diariamente. As práticas aqui propostas me salvaram inúmeras vezes!

Assim, espero que você se torne um exímio lutador ou lutadora nos campos espiritual e psíquico. Dedique parte do seu dia a executar o que leu neste livro. Tenha uma rotina de auto-observação e oração, cumprindo o que Jesus ordenou:

vigiai e orai! Seja o pilar forte dentro de sua família e de seus grupos de oração.

Que Deus nos proteja sempre!

CONHEÇA OUTROS LIVROS DO AUTOR

Todo mundo tem um anjo da guarda

Os anjos da guarda são presentes de Deus para todas as pessoas, sem exceção. Essa é a verdade que Pedro Siqueira quer transmitir para nós. Muitas vezes esquecidos, ignorados ou até desacreditados, nossos protetores ainda são um mistério para a maioria dos fiéis. Em seu novo livro, Pedro abre esse universo aos leitores. Partindo de uma visão geral das criaturas celestes, ele explica que é possível ver nossos anjos da guarda e até saber seus nomes. Além disso, mostra como podemos nos comunicar com eles para estreitar os laços com Deus. Dirigindo terços para milhares de fiéis, com visões espirituais intensas, Pedro tem uma extensa bagagem de experiências próprias e relatos que lhe dão embasamento suficiente para tratar de um assunto frequentemente insondável.

Por meio de diversos casos, *Todo mundo tem um anjo da guarda* tira as principais dúvidas sobre o tema e oferece um conhecimento fundamental para quem almeja uma vida espiritual mais profunda.

Você pode falar com Deus

Desde criança, Pedro Siqueira tinha visões místicas. Com o tempo, seu dom se transformou em missão: ser um instrumento de ligação entre as pessoas e o mundo espiritual e ajudá-las a desenvolver sua fé através de mensagens de santos, anjos e de Nossa Senhora. Ele começou a dividir os ensinamentos que recebia com pequenos grupos de oração. Aos poucos, esse círculo foi crescendo e, hoje, Pedro dirige a oração do terço para milhares de fiéis.

Com este livro, ele amplia ainda mais o alcance de sua mensagem e leva ao leitor as orientações mais importantes para quem deseja estreitar sua relação com Deus por meio da oração.

Muitas pessoas que creem em Deus não têm o hábito de rezar, mas Pedro mostra que a prece precisa fazer parte do nosso dia a dia. Seus poderes são surpreendentes: ela acalma corações e transforma a realidade.

Neste livro, ele ensina como devemos rezar para estabelecer um canal de comunicação direto e verdadeiro com Deus. E nos aponta o caminho para uma vida espiritual plena e feliz, dedicada ao Senhor e a serviço do próximo.

A partir de fascinantes histórias reais, Pedro nos faz ver que as coisas vindas do Altíssimo são impressionantes e imprevisíveis. E que, quando rezamos com fé e acreditamos na Providência divina, milagres podem acontecer em nossas vidas.

CONHEÇA OS LIVROS DE PEDRO SIQUEIRA

Não ficção
Defesa espiritual
Viagens místicas
Todo mundo tem um anjo da guarda
Você pode falar com Deus

Ficção
Senhora das águas
Senhora dos ares
Senhora do sol

Para saber mais sobre os títulos e autores da Editora Sextante,
visite o nosso site e siga as nossas redes sociais.
Além de informações sobre os próximos lançamentos,
você terá acesso a conteúdos exclusivos
e poderá participar de promoções e sorteios.

sextante.com.br